对口援疆与新疆贫困地区经济发展

韩林芝　著

北　京
冶　金　工　业　出　版　社
2014

内 容 提 要

本书以新疆贫困地区为对象，以南疆三地州为重点，通过对新疆贫困地区发展现状和存在问题进行分析，提出新一轮对口援疆条件下新疆贫困地区发展新途径及相关政策建议与对策措施。本书是新疆维吾尔自治区科技支撑计划软科学项目（编号：201242162）阶段成果，此项研究将对我国区域发展、对口援疆和扶贫攻坚的研究和实践发挥积极作用。

本书适合相关科研院所研究人员、高等院校及政府的相关人员参考。

图书在版编目(CIP)数据

对口援疆与新疆贫困地区经济发展/韩林芝著．—北京：冶金工业出版社，2014.8

ISBN 978-7-5024-6744-9

Ⅰ.①对…　Ⅱ.①韩…　Ⅲ.①不发达地区—区域经济发展—研究—新疆　Ⅳ.①F127.45

中国版本图书馆 CIP 数据核字(2014) 第 191502 号

出 版 人　谭学余

地　　址　北京市东城区嵩祝院北巷 39 号　邮编　100009　电话　(010)64027926

网　　址　www.cnmip.com.cn　电子信箱　yjcbs@cnmip.com.cn

责任编辑　杨秋奎　夏小雪　美术编辑　吕欣童　版式设计　孙跃红

责任校对　郑　娟　责任印制　牛晓波

ISBN 978-7-5024-6744-9

冶金工业出版社出版发行；各地新华书店经销；北京百善印刷厂印刷

2014 年 8 月第 1 版，2014 年 8 月第 1 次印刷

169mm×239mm；8.75 印张；168 千字；130 页

33.00 元

冶金工业出版社　投稿电话　(010)64027932　投稿信箱　tougao@cnmip.com.cn

冶金工业出版社营销中心　电话　(010)64044283　传真　(010)64027893

冶金书店　地址　北京市东四西大街 46 号(100010)　电话　(010)65289081(兼传真)

冶金工业出版社天猫旗舰店　yjgy.tmall.com

（本书如有印装质量问题，本社营销中心负责退换）

前　言

改革开放以来，新疆维吾尔自治区经济保持平稳较快发展，贫困人口大幅减少，农村居民生存和温饱问题基本解决，贫困地区面貌发生了历史性转变。新疆贫困地区已经从以解决温饱为主要任务的阶段转入巩固温饱成果、加快脱贫致富、改善生态环境、提高发展能力、缩小发展差距的新阶段。然而，由于新疆贫困地区经济社会发展总体水平不高，区域发展不平衡，制约贫困地区发展的深层次矛盾依然存在；同时由于扶贫对象规模大，相对贫困问题突出，返贫现象时有发生，扶贫开发任务仍然十分艰巨，贫困地区经济发展形势依然严峻。

本书以新疆贫困地区为研究对象，以南疆三地州为重点，回顾了中央新疆工作座谈会以来新疆经济发展现状，扶贫开发和对口援疆历程，分析了贫困地区经济发展现状和致贫原因，认为在新一轮对口援疆条件下贫困地区经济发展成效显著，阶段目标任务基本完成，贫困程度得到极大缓解，走出了符合新疆贫困地区实际发展的道路。本书以和田地区为案例，对贫困地区全面建设小康社会进行分析，测算结果显示和田距离小康社会的目标还有较大差距，要实现2020年全面建成小康社会的目标，必须深化改革、转变经济发展方式。新疆贫困地区发展具备矿产、旅游、人力资源等优势，具有独特的地缘优势和政策优势，其扶贫开发不断发展完善，经验不断丰富成熟，为贫困地区经济发展奠定了必要条件和基础。同时，新疆贫困地区也面临着自然资源恶劣、地域封闭和周边国家不确定因素等不利因素，贫困地区经济发展制约瓶颈和突出矛盾依然严峻。在新一轮对口援疆的条件下，随着《中国农村扶贫开发纲要（2011—2020年）》的实施，新疆贫困地区经济发展，要立足实际，通过将援助方与受援方实际情况有机结合，提升贫困地区的自我发展能力，不断探索具有新疆贫困地区特色的经济发展道路。本书提出了要加快产业援疆步伐，提升贫困地区产业发展能力；完善基础设施建设，强基自我发展能力；依托援疆大力改善民生及社会公共服务，推动社会转型升级，促进经济跨越式发展。

本书针对新疆贫困地区经济发展提出了若干政策建议，如应有效利用援疆各方力量，合理配置资源，从政策、资金、土地、财税等方面完善各项措施，不断开拓新疆贫困地区经济发展新局面。加强基础设施建设，改善贫困地区生产生活条件；加大投入力度，优化投入结构；积极培育产业发展，提高自我发展能力；完善教育、卫生、医疗等社会公共事业，提高贫困户最低生活保障；加快改革步伐，推进城镇化建设步伐；统筹扶贫和生态环境关系，加快贫困县生态文明建设；完善口岸建设，推进边境对外开放；建立公共就业服务体系，大力促进劳动力就业；增强金融服务力度，支持贫困地区发展；加大财政转移支付力度，积极创新财税优惠政策。

最后本书提出如下机制创新建议：鼓励新型扶贫模式创新，着力推进“四位一体”大扶贫格局；不断创新对口援疆机制，进一步发挥援疆成效；加强扶贫项目监督管理，提高政府扶贫开发综合效益；整合资源，加大制度保障创新实践。

由于作者水平所限，书中不足之处，恳请广大读者批评指正。

著　者

2014年6月

目 录

1 绪　论

1.1 研究背景

改革开放以来，随着新疆工业化、信息化、城镇化、农业现代化、基础设施现代化建设地不断深入，新疆维吾尔自治区经济保持平稳较快发展，社会事业不断进步，社会保障体系逐步健全，贫困人口大幅减少，收入水平稳步提高，贫困地区基础设施明显改善，农村居民生存和温饱问题基本解决，贫困地区面貌已发生了历史性变化。新疆贫困地区已从以解决温饱为主要任务的阶段转入巩固温饱成果、加快脱贫致富、改善生态环境、提高发展能力、缩小发展差距的历史新阶段。

然而，由于历史、自然、社会等多重原因，新疆贫困地区经济发展总体水平不高，区域发展不平衡，制约贫困地区发展的深层次矛盾依然存在；同时由于新疆扶贫对象规模大，相对贫困问题突出，返贫现象时有发生，新疆扶贫开发任务仍十分艰巨，贫困地区经济发展形势依然严峻。2012 年全疆家庭人均纯收入低于2300 元（国家及新疆 2011 年扶贫标准）的扶贫对象仍有 78 万户、329 万人，主要分布在以南疆三地州为主的塔里木盆地干旱贫困区，以天山、阿尔泰山区为重点的北疆高寒农牧贫困区，以及边境贫困农村，呈现出点、片、线、带的特征。在 35 个扶贫开发工作县（市）中，有 27 个国家扶贫开发工作重点县（市）、5 个比照国家扶贫开发工作重点县（市）、3 个自治区扶贫开发工作重点县；在 32 个边境县（市）中，有 17 个边境扶贫重点县（市）；在 3868 个贫困村中，有 377 个边境贫困村、299 个山区贫困村以及有扶贫对象的非贫困村。

做好新疆扶贫工作，历来是党和政府的中心工作，随着党中央、国务院不断加大对新疆贫困地区的投入力度，全国支援新疆的力度也进一步增强。对口援疆是新疆贫困地区经济发展的重要契机，特别是中央新疆工作座谈会（2010 年）的召开，使新疆贫困地区迎来了最好的历史发展时期。自 1996 年党中央、国务院做出开展援疆工作的重大战略决策之后，13 年中，14 个援疆省市以及中央和国家机关、中央企业的援疆建设有效地促进了新疆经济发展。2010 年 3 月党中央、国务院再次做出了新一轮援疆工作的总体战略部署，19 个省市结对援助新疆 12 个地（州）、82 个县（市）和新疆生产建设兵团的 12 个师。新一轮援疆工作起步阶段的重点集中在保障和改善民生方面，增加居民收入，充分尊重受援地区人民群众的意愿和要求，着力解决各族人民群众迫切需要解决的困难和问题；突出干部、人才支援，为对口支援工作提供组织保证和智力支持；突出项目支援，突出产业培育和资源开发利用，以支援促合作、以合作促发展，培育援助地区的自我发展能力。援疆建设通过"经济援疆、干部援疆、人才援疆、教育援疆"促进提升受援地区综合实力，促进受援地区经济增长方式转变和可持续发展，促进贫困地区实现经济发展的良性循环和跨越式发展，最终实现消除贫困、共同富裕和全面建设小康社会的最终目标。

新疆贫困地区（主要包括南疆三地州、边境贫困县市、特困山区等）是我国国防战略要地、生态安全屏障、向西开放门户、能源储备基地，在全国及全疆发展建设大局中，具有十分重要的战略地位。新疆贫困问题不仅是我国扶贫攻坚的重点和难点，更事关国家安全、民族团结及边疆稳定和长治久安。本研究以新疆贫困地区为对象，以南疆三地州为重点，通过对改革开放以来扶贫模式及现状的梳理分析，提出新的历史时期新疆贫困地区发展路径、创新扶贫模式及相关政策建议与对策措施，供相关部门参考。

1.2 研究意义

长期以来，党中央、国务院高度重视新疆扶贫工作，不断加大资金投入，支持新疆扶贫开发机制创新，在集中连片扶贫、边境扶贫、贫困村互助资金、扶贫龙头企业等方面，实现新的突破，新疆贫困地区面貌发生了历史性变化，扶贫开发工作取得了显著成效。《中国农村扶贫开发纲要（2011—2020 年）》（中发[2011] 10 号）确定："……已明确实施特殊政策的西藏、四川藏区、新疆南疆三地州是扶贫攻坚主战场。加大投入和支持力度，……各省（自治区、直辖市）对所属连片特困地区负总责，在国家指导下，以县为基础制定和实施扶贫攻坚工程规划"。由于历史、自然、社会等多方面原因，新疆扶贫工作仍面临许多困难，具有较大的特殊性，任务还很艰巨。但是，目前新疆扶贫工作面临前所未有的有利条件，中央新疆工作座谈会的召开，使新疆迎来了最好的历史发展时期；中央国家机关、各有关方面以及全国对口支援新疆的力度进一步加大，使得扶贫部门能够集中力量，将工作重点真正下沉到贫困乡村和贫困农牧民，努力改善贫困农牧民的生产生活条件，提高他们的综合素质和收入水平。打好新疆扶贫攻坚战，直接关系到国家新阶段扶贫攻坚目标的实现；关系到稳疆兴疆、富民固边战略的实施；关系到增进民族团结，构建社会主义和谐社会；关系到跨越式发展和长治久安；其对维护民族团结、巩固边防，确保新疆经济社会发展、政治大局稳定具有重大的现实意义和深远的历史意义。

1.2.1 理论意义

新疆贫困问题是由历史、自然、社会等多方面原因造成的，提高贫困人口自我发展能力、破解贫富差距大、区域发展不协调等问题是相关研究领域需要解决的重大难题。本书所涉及的研究项目以满足以人为本、保障和改善民生为本质要求，实现区域统筹发展、缩小贫富差距、全面建设小康社会的根本问题之一，是落实科学发展观的具体实践和中国特色社会主义理论的实际应用。

对解决新疆扶贫攻坚和区域经济发展的难点、焦点问题提供理论分析依据，以全面实现小康社会为目标，建立扶贫和促进区域可持续发展的新思路和新举措。通过总结新疆贫困地区转变经济发展方式和扶贫的实践，对发展经济学和区域经济理论进行验证和有益补充。

1.2.2 实践意义

深入推进新疆贫困地区发展意义重大，事关党的执政基础，事关新疆跨越式发展和长治久安，事关社会主义现代化大局。面临对口援疆的历史机遇，促进新疆贫困地区经济快速发展，加快推进稳疆兴疆、富民固边战略，全面推动各族人民共享改革发展成果，是全面建设小康社会、构建社会主义和谐社会的迫切需要。

贫困与发展存在互为因果、循环累积关系。为走出纳尔逊理论的“低水平均衡陷阱”，对促进新疆贫困地区经济长期均衡发展和全面实现小康社会具有重大的现实意义。通过课题研究，探索提高新疆贫困地区自身发展能力，实现扶贫的可持续性，提出具体途径、对策和政策建议，增强扶贫工作科学性与前瞻性，促进新疆区域全面协调可持续发展，具有重要的现实意义。

1.3 创新点

本书尝试从新的视角——大规模援助背景下，研究新疆贫困地区经济发展问题，在总结国内外相关扶贫政策和实践经验基础上，试图突破研究新疆扶贫问题的传统模式，以实现扶贫与区域发展共赢为目标，多途径全面提升新疆贫困地区自我发展能力和可持续发展能力。

全面分析新疆贫困地区发展所面临的机遇与挑战，立足新疆贫困实际，建立因地制宜的经济发展战略，提出相关对策和措施，创新贫困地区扶贫体制机制、科学优化政府相关决策。

1.4 文献综述

1.4.1 贫困的基本概念

贫困属于社会历史范畴，出现在不同国家的不同发展阶段，加之其研究范围和角度的不同，贫困有着不同的含义，没有一个可适用于世界各国的具体定义。然而，随着对贫困研究的不断深入，贫困所涵盖的内容不断丰富，国内外学者对贫困的认识也在不断深化，对有关贫困达成的共识也在不断提高。贫困是对生活状态的一种具体描述，是生活于其中的人们可以切身感受到的，因此可以说贫困是一个具体的概念；但同时贫困又不仅仅表现在无法解决温饱问题的表面现象上，贫困的实质是人们无法达到一个社会普遍认为的可接受的基本生活标准，而这时的贫困又成为一个抽象的概念。对于贫困的理解有两种不同的方法，一种是从贫困程度的角度来看，贫困可以划分为绝对贫困和相对贫困；另一种是从贫困所涉及的范围来看，贫困可以划分为狭义的贫困和广义的贫困。此外，贫困还有一个长期贫困与短期贫困之分。

1.4.1.1 绝对贫困

绝对贫困是指缺乏维持劳动力再生产的基本物质条件，连简单再生产也不能维持或者只能进行萎缩再生产，个人或家庭生存常常受到威胁的生活状况，即通常所说的“食不果腹，衣不遮体”的生活。绝对贫困首先表现于食物没有基本保障，不能满足基本需求，造成了严重的营养不良。按照世界银行提出的指标体系，绝对贫困的标准是个人最低营养每日摄入热量不低于 9414 千焦耳和食物支出约占个人收入的 75% 这样一个水平，低于这个生存线的就是绝对贫困。其中，基本需求是严格意义上的生存需求，即满足人们最基本的营养需要，以防止人们陷入饥饿和严重的营养不良状况。为此，首先要由营养专家提出一个正常的成年人在中等劳动强度下的能量标准，再由这些专家提出一个能达到该营养标准的食物清单（通常被称为“食物篮”），包含在清单中的食物必须是当地可获得的廉价食物，另外还有极少量的衣物、住房和取暖等方面的起码需求，除此之外的任何其他消费都被排除在外。

1901 年，英国学者朗特里（B. S. Rowntree）在对英国约克市个人家庭的收入与生活支出状况进行普查的基础上，认为贫困是家庭总收入不足以支付仅仅维持家庭成员生理正常功能所需的最低量生活必需品开支。根据最低量生活必需品的数量及其价格，可以确定或计算出划分贫困家庭的收入标准，即贫困线。

这个最早由朗特里提出的绝对贫困概念和测算方法，将基本需求绝对化为一种“仅能维持生理效能的最低需要”，一切基本生理需求以外的其他消费都不能考虑。这一概念由于过分严格和绝对化，一经提出就受到多方面的批评。在不同时期和不同国家，人的基本需求是极不相同的，基本需求是相对的而不是绝对的这一观点已为越来越多的人接受。

然而，朗特里关于确定贫困或贫困线的方法仍然沿用至今。世界银行在《2000/2001 年世界发展报告》中公布了有关发展中国家贫困人口规模状况的统计分析结果。世界银行在这份报告中指出，与朗特里的研究相比，尽管两次收入贫困的计算相隔了 1 个世纪，“不过它们采用的基本概念和方法非常相似”（世界银行，2001）。

经济学家大多从家庭或个人收入的角度定义贫困概念。美国经济学家萨缪尔森（P. Samuelson）在其主编的教科书《经济学》中说：“贫困是一种人们没有足够收入的状况”。由于收入是评价家庭和个人生活状况的一个十分重要的指标，并且它比较容易进行统计、测量和监测，因此，以收入确定贫困成为贫困研究中一个主要内容。

我国在理论和实践中使用的贫困概念主要强调的是绝对贫困，如国家统计局农调总队定义的“贫困”是“个人或家庭依靠劳动所得和其他合法收入不能维持其基本的生存需求”。一般来说，贫困是指个人或家庭的收入不能达到所在社会“可接受生活标准”的一种生活状态。在《现代西方经济学词典》中对贫困概念的解释是“收入不足以支付生存必需品支出，即生活水平相当程度地低于一般认为适度生活标准的情况”。

由于绝对贫困概念突出了贫困在生理的、自然客观的生存方面的标准，尚未将贫困人口作为“社会人”来对待，忽视了历史与社会的变化，以及人的社会、心理等方面的需要。因此，相对贫困概念的提出，使贫困内涵得以深化和拓宽。

1.4.1.2 相对贫困

相对贫困是指当一个人或者家庭的收入比社会平均收入少到社会认可的一定程度时所处的生活境况。相对贫困是根据收入差异关系来确定的，其标准随着社会经济的变动而变动，它根据一定的价值判断，揭示不同社会群体或阶层之间的不平等。在经济发展过程中，相对贫困将长期存在，国家只能把它控制在“合理差异”范围之内，但是不可能消灭它。

以马克斯·韦伯（Max Weber）为代表的西方社会学家提出的关于社会不平等和社会分层理论认为，社会不平等的实质是社会资源或有价值物（如财富、收入、权力、声望、教育机会等）在社会成员中的不均等分配，处在社会下层的贫困群体正是上述社会资源分配的匮乏者。该理论得到了国际社会和众多学者的认同。1979 年，英国社会学家皮特·唐森（Peter Townsend）将贫困定义为：在一个社会中，一个人缺乏参与社会惯例或社会所广泛认同的活动和享受普通生活水平所必需的资源。世界银行在《1981 年世界发展报告》中指出：“当部分群体没有足够的资源去获取他们那个社会承认的，一般都能享受到的饮食、生活条件、舒适和参加某些活动的机会，就是处于贫困状态”。另外，欧共体委员会《向贫困开战的共同体特别行动计划的中期报告》中给贫困下了一个定义：“贫困应该被理解为个人、家庭和人的群体的资源（物质的、文化的和社会的）如此有限以致他们被排除在他们所在的成员国的可以接受的最低限度的生活方式之外”。这里所说的资源是多方面的，它不仅限于物质生活资源，还包括文化生活资源、社会生活资源等。

相对贫困主要是社会制度不公平的结果，具体包括：（1）财富分配的不公平、权力分配的不公平和机会分配的不公平；（2）强调要从制度变革和创新入手改善财富分配格局、改善赋权体系和机会分享的环境；（3）强调社会努力对于减缓贫困的重要性。

绝对贫困和相对贫困不同的内涵决定了衡量这两种贫困的原则、标准和方法是不相同的。绝对贫困以人的基本需求为出发点，要弄清楚哪些人生活在绝对贫困之中，这就必须明确什么是基本需求、如何衡量。相对贫困的理论基础是收入和生活水平的差距。一般是将一个国家中20%的最低收入阶层或收入水平低于社会平均水平1/2的群体作为相对贫困人口。在上述贫困定义中，绝对贫困用来度量贫困家庭和个人数量的变化，相对贫困主要用来度量贫困程度差距的变化，旨在揭示减缓贫困的路径和方法，包括中国在内的低收入发展中国家首先要解决的是绝对贫困问题。

1.4.1.3 贫困概念的延伸

随着对贫困问题研究的不断深入，贫困的内涵越来越丰富，不仅涉及经济范畴，而且越来越深地涉及社会、人类心理、历史等范畴。

1985年，瑞典社会研究所学者斯坦·林恩（Stein Ringen）在《走向贫困衡量尺度的第三阶段》一文中指出，“贫困问题的研究是一种可称作‘福利问题的研究’，即研究社会的福利水平与分配”。这里说的福利并非狭义的经济福利，而是包括物质消费品和非物质消费品，如工作条件、闲暇、社会关系、政治权利和组织参与等的广义福利。

在此基础上，世界银行在《1990年世界发展报告》认为衡量生活水准不仅要考虑家庭的收入和人均支出这些直接的经济指标，还应该考虑包括医疗卫生、预期寿命、识字能力以及公共货物或共同财产资源的获得情况在内的福利指标，并将贫困定义简化为：“缺少达到最低生活水准的能力”。到了2001年世界银行在《2000/2001年世界发展报告》中对于贫困的表述又发展为“贫困是指福利的被剥夺状况”。报告解释道，贫困不仅指物质的匮乏，而且还包括低水平的教育和健康；除此之外，贫困还包括风险和面临风险时的脆弱性，以及不能表达自身的需求和缺乏参与机会。由此可见，世界银行对贫困的定义，即贫困实际上是指广义福利被剥夺的状态。

1998年诺贝尔经济奖获得者阿玛蒂亚·森（Amartya Sen）在1999年出版的《以自由看待发展》一书中指出“贫困是对人们基本的可行能力的剥夺，而不仅仅是收入低下”。森指出，贫困用可行能力被剥夺来识别，是从人的自由发展目标层面上来解释的，具有“目的性”，而贫困用收入被剥夺来解释，只具有“工具性”。消除收入贫困是重要的，但这不应成为反贫困的终极动机，关键是要提高人的可行能力，如享受教育、医疗保健、社会参与、政治权益等。提高人的可行能力一般会扩展人的生产能力和挣钱能力，森的这一思想产生了重大影响，成为国际社会制定反贫困战略和政策的一个重要理论依据。

能力贫困是以对实际结果施加决定性影响的能力为切入点分析贫困问题，它关注的是原因而不是结果，关注的是发展的目标而不是手段。减缓贫困必须从消除能力贫困入手，能力贫困消除了，收入贫困也就消除了。

由此可见，对贫困的定义经历了一个从简单到复杂，由狭义到广义的不断扩展的过程，从最初强调物质和收入绝对数量的多少，逐渐发展为包括社会公平和发展机会的大小等方面。从国内外对于贫困的认识对比来看，相对于国内学者将贫困定义在食物、收入、基础设施等较低的层次上，国外学者对于贫困的定义范围更加广泛，突出了机会、能力、安全水平和权利等四个方面，并强调个人的生存和发展能力。

由于人类社会生产力是不断发展和提高的，从历史与现实的角度来看，以物质贫困为代表的绝对贫困是暂时的，其范围在缩小，程度在逐步降低；而以精神与人文贫困为代表的相对贫困的范围远远超过绝对贫困的内涵。

1.4.2 国内外研究综述

1.4.2.1 国外扶贫与地区经济发展理论研究综述

各国专家学者从各个角度对反贫困理论进行研究分析，硕果丰富，为反贫困实践提供了宝贵的理论指导。

增长理论中关于反贫困的理论主要是罗森斯坦·罗丹的“大推动”理论，该理论强调极端的平衡增长，通过放弃农业，在工业体系内部普遍投资，实现工业化目标。纳克斯的“平衡增长”理论，注重经济发展路线的平衡增长，该理论避免了片面强调工业化，忽视其他部门发展的倾向，强调大规模投资和合理配置有限资源的重要性，重视市场机制作用存在的局限性和实现宏观计划的必要性，为发展中国家实现工业化和经济迅速发展提供了一种发展模式。而以冈纳·缪尔达尔为代表的“不平衡发展”理论，认为人均收入的提高有助于克服“低收入的循环积累因素运动”，通过制度上的一系列改革来提高资本形成和收入增长，通过发达地区的优先发展，形成“扩散效应”来带动其他地区的发展。美国的赫希曼认为应当把有限的资源分配于最有生产潜力，即联结效应最大的产业中，通过这些产业的优先发展以解决经济发展的瓶颈问题，并带动其他产业的发展。法国经济学家弗朗索瓦·佩鲁的“增长极理论”认为通过增长极的优先增长，形成资本与技术的高度集中，从而形成一定的规模效应，在自身经济增长的同时对周边地区产生强大的辐射和拉动作用。他强调经济发展中增长的势头不会同时在所有地区和部门出现，而是集中在那些具有创新能力的地区、产业或部门。美国经济学家弗农的“梯度推移论”认为区域经济的盛衰主要取决于产业结构的优劣及其转移，产业结构的更新是地区经济向高梯度方向发展的根本动力；而“反梯度推移论”认为技术和经济开发的顺序应当由经济发展的需要和可能来决定，不论这个地区处于哪个梯度，只要有条件，又是经济发展需要的，就可以引进先进技术，进行大规模开发。总之，发展中国家有自然资源优势和低层次劳动力优势，但严重缺乏资金、技术且存在某些制度弊端，与发达国家必然存在不平衡增长的问题。

发展经济学对于贫困产生的原因和消除贫困的对策研究，大多集中在资本这一要素上，强调资本不足是发展中国家长期贫困的根本原因，主张依靠大规模的投资缓解贫困问题。美国拉格纳·纳克斯的“贫困恶性循环”理论，认为发展中国家要摆脱贫困，打破恶性循环，必须大规模地增加储蓄，扩大投资，促进资本形成，但是，它过分强调了储蓄作用和资本积累的重要性，因而受到一些学者的批评。美国经济学家纳尔逊的“低水平均衡陷阱”理论认为，发展中国家必须进行大规模的资本投资，使投资和产出的增长超过人口增长，才能冲出“低水平均衡陷阱”，“低水平均衡陷阱”理论从多方面探讨了发展中国家贫困的原因，分析了资本稀缺、人口增长过快对经济增长的障碍，强调了资本形成对摆脱“低水平均衡陷阱”的决定性作用，这对于研究发展中国家的贫困问题，寻找实现经济发展的途径具有很大的启发意义。美国经济学家哈维·莱宾斯坦的“临界最小努力”理论认为，发展中国家要打破低收入与贫困之间的恶性循环，必须首先保证足够高的投资率，该理论对于认识发展中国家的经济现状及摆脱贫困具有十分重要的启发意义，但是，如果把资本形成看作是经济发展的决定性因素，就有片面和绝对的理论倾向。

在研究人力资源数量与贫困的关系方面，比较有代表性的是马尔萨斯的“人口法则”和刘易斯的“两部门理论”；而在研究人力资源素质与贫困的关系方面，最有代表性的理论则是舒尔茨的“人力资本理论”。马尔萨斯认为，贫困的原因在于人口的过度增长，只要能抑制人口增长，贫困自然就消除了。刘易斯的“两部门理论”认为农村反贫困的关键在于控制农村劳动力的增长，必须设法将大量的农村剩余劳动力转移出传统的农业部门，提高农村劳动力的边际生产力。

对“贫困个体主义论”通常有三个方面解释：一是个人的贫困是个人经济上的失败所致，美国的米尔顿·弗里德曼等认为，既然自由的市场机制已经给人们提供了各种机会，个人应对自己的行动及结果负完全的责任；二是贫困与个人遗传因素有关，主要指的是智力、智商的因素，但从早期的S·洛姆布洛索的解释，直到当代的遗传基因、生物染色体学说，都难以用生理因素解释贫困原因；三是贫困由个人道德品质、家庭环境的问题而造成，贫困文化论代表美国学者艾利森·戴维斯认为，贫困表现了一种经济条件，但它也是一种自我维持的文化体系，要想消灭贫困，首先必须改造贫困文化。“权利贫困”理论的代表阿玛蒂亚·森认为，贫困的实质是能力的缺乏，要理解饥饿，必须首先理解权利体系，并把饥饿放在权利体系中加以分析。森的“权利贫困”理论认为应当通过重建个人能力来避免和消除贫困。

1.4.2.2 国内反贫困研究和实践发展综述

1984 年 9 月，中共中央、国务院联合发出了《帮助贫困地区尽快改变面貌的通知》，贫困问题被真正提到议事日程。

在我国，对贫困问题的研究，可简单划为四个时期：

第一阶段：从 20 世纪 50 年代开始到 1978 年，扶贫主要是以单纯生活救济为主的输血式方式。这一时期的扶贫工作是维持最低基本生理需要的贫困户的生存问题，采取的政策是建立了抵御自然灾害的储备粮制度；建立了农村合作医疗制度；对孤、老、残人保吃、穿、烧、病、死的五保户制度；实现了农村劳动力的“充分”就业。这一阶段的扶贫情况在苏星《我国农业的社会主义道路》(1976)、农业部人民公社管理局《1977～1979 年全国穷县情况》(1981)、焦兴国的《摆脱贫困的探索》(1991)、薛暮桥的《旧中国的农村经济》(1980)、周彬彬的《人民公社时期的贫困问题》(1991) 等著作和文章中都有论述。

第二阶段：体制改革推动扶贫阶段（1978～1985 年）。以家庭联产承包制和提高农产品价格、土地平均分配为主要内容的农村改革，极大地调动了农民的生产积极性。这一时期的研究主要集中在关于中国农村贫困程度及特征、贫困区域类型和地理分布等方面，在国家统计局《我国农民生活的巨大变化》(1984)、周彬彬《对“七五”期间扶贫基本政策的反思》(1990)、郭凡生《贫困与发展》(1984)、王小强等《富饶的贫困》(1986) 等著作和文章中都有总结。

第三阶段：大规模开发式扶贫阶段（1986～1993 年）。为进一步加大扶贫力度，我国政府自 1986 年起采取了一系列重大措施：成立专门扶贫工作机构，安排专项资金，制定专门的优惠政策，并对传统的救济式扶贫进行彻底改革，确定了开发式扶贫方针。从 1985 年开始，我国实施了以解决贫困地区经济基础设施、改善生产生活环境为目标的以工代赈计划，为贫困地区经济增长创造了条件，同时增加了贫困人口的短期就业机会和收入水平。论述这一阶段扶贫情况的著作和文章主要有汪三贵《贫困问题与经济发展政策》(1994)、周彬彬等《对贫困的研究和反贫困实践的总结》(2001)、世界银行《中国九十年代的扶贫战略》(1993)、朱玲《贫困地区农户的收入、资产和负债》(1994)、朱玲等《以工代赈和缓解贫困》(1994 年)、朱玲《转型期中国经济关系研究》(1997) 等。这时扶贫研究更多地关注贫困地区发展战略问题，许多学者对政府的扶贫资金投向、运行机制和实施效果进行评价，对扶贫资金的目标瞄准和产业选择进行了大量的实证研究，并提出中央政府扶贫政策实施中的问题。

第四阶段：扶贫攻坚阶段（1994 年至今）。从 90 年代中后期，随着农村改革的深入发展和国家扶贫开发力度的不断加大，贫困人口逐年减少，贫困特征也随之发生较大变化，贫困人口分布呈现出明显的地缘性特征，导致贫困的主要因素是自然条件恶劣、基础设施薄弱和社会发展落后等。政府主要实施的是全方位扶贫措施，即实现“八七”扶贫攻坚计划，在 21 世纪末基本消除绝对贫困。为了实现上述目标，我国主要采取了坚持开发式扶贫和移民扶贫方针，实现扶贫组织形式多样化；改进扶贫资金管理，实施双瞄准政策；对贫困地区实行优惠政策；抓好智力开发、强化责任制，实施社会扶贫；实施了粮食保障工程。到2000年底，国家“八七”扶贫攻坚目标基本实现。

我国对贫困理论的研究也在这一阶段开始出现。此阶段，关于中国贫困问题的理论研究，主要集中于贫困概念、贫困的测量、贫困发生和再生的原因以及反贫困的对策研究。国内学者对扶贫政策的研究成果主要有：（1）大力发展贫困地区经济，增加贫困人口收入。在确保粮食生产的同时，调整农业产业结构。严瑞珍提出，农业资源丰富的贫困地区应该大力发展大农业及农副产品加工业；矿产资源丰富的地区要主攻第二产业；人口多资源颇丰的地区应组织劳务输出。（2）加强贫困地区基础设施建设。加强江河堤防的治理，兴修水利，也要注重改善农业自然条件。陈俊生认为“基本农田建设是贫困山区解决温饱的必由之路”（平原丘陵区基本农田建设也是本地区农业持续发展的基础），并指出基本农田建设对于解决粮食问题，改善生态环境，缓解就业压力等都有重要意义。通过实施可持续发展战略，促进农业生态环境的改善。（3）加大资金投入和使用效率。增加地方财政转移支付的强度，并改善其使用结构。韩福俊、温友祥和姜长云、孙自铎研究了扶贫资金的筹集、管理、使用及风险问题，提出应当加强对扶贫资金分配和使用的管理；继续动员社会力量，对口扶贫；鼓励民间，特别是企业间和地区间的交流与合作；从政策鼓励和支持各类金融组织在贫困地区开展信贷服务。吴国宝、张保民等提出了应当提高扶贫资金的有效利用率，应该“实行一元化管理，建立扶贫银行及建立社会监督机制”。2000 年 5 月，孟春所著《中国财政扶贫研究》一书出版，这本书是研究运用财政资金扶贫的专著，回顾了财政扶贫政策实施的过程并进行了评述，对今后的财政扶贫做了政策设计。从扶贫政策研究的角度看，此项研究成果的核心是对过去财政扶贫的评述和对今后财政扶贫的政策设计。（4）提高扶贫对象的素质和能力。汪三贵、王正理、陈栋生、雷起荃和赵曦等都提出要开发人力资源、重视科技教育扶贫，通过各种优惠政策吸引外地优秀人才投入本地的扶贫工作，完善和健全贫困乡村的农民培训与技术推广制度和体系。（5）实施移民扶贫开发。加快贫困地区劳务输出是减轻贫困的快捷途径。1996 年 5 月，经济学家厉以宁根据他对广西和湖南等地的调查，在《人民日报》上发表了题为《关于贫困地区脱贫的思考》一文，总结介绍并认证了这些地区借地脱贫、外迁脱贫和就地脱贫的经验。（6）扶贫开发与计划生育相结合，转变贫困人口的生育观念。（7）加强城乡交流。陈栋生提出要"广泛发展贫困地区与经济发达地区横向经济联系"，发展乡镇企业和个体私营企业、加快城市化和城镇化进程，开展扶贫领域的国际交流与合作。（8）从社会保障的角度改善贫困乡村的社会服务条件，增加农民享有社会服务的机会。为农村医疗救助确立制度性的框架，调整农村五保制度，建立健全农村社会救助体系，启动救灾扶贫的各种机制，建立农村的最低生活保障制度。（9）实行扶贫开发与生态环境保护相结合，坚持以人为本，建立更为有效的扶贫机制。亦冬认为"只有建立适应市场发展的各种制度环境，靠制度驱动再造贫困地区的激励机制、竞争机制、创新机制和发展机制，才能打破贫困地区的区域循环和低水平均衡"，使贫困地区重新焕发生机。1992 年，曹光明提出贫困机制在于下降式循环运行，贫困经济则处于低水平均衡状态。夏永祥和潘未名提出了贫困与贫困之间的恶性循环和均衡状态的新解释。1996 年 3 月《人民日报》发表了陈增光《用辩证法指导贫困地区的发展》一文，文中指出贫困地区要处理好自力更生和外部推动的关系、内涵发展与外延扩张的关系、资源开发与市场导向的关系和发展经济与提高人的素质的关系。

其他比较有影响的研究成果有：朱凤岐等的《中国反贫困研究》（1996）、刘文璞等的《地区经济增长和减缓贫困》（1997）、中国（海南）改革发展研究院的《中国反贫困治理结构》（1998）、夏英的《贫困与发展》（1995）、阎文学的《富饶的贫困：掣肘与成因》（1994）、康晓光的《中国贫困与反贫困理论》（1995）、周毅博士的《中国东西均点：中国治贫反困新思路》（1999 年）、李强主编的《中国扶贫之路》（1997 年）、赵曦的《中国西部农村反贫困战略研究》（2000 年）、张新伟的《市场化与反贫困路径选择》（2001 年）、周毅的《西部反贫困研究》（2001 年）、黄承伟的《中国反贫困：理论，方法，战略》（2002 年）等。

20 世纪 90 年代中后期以来，由于世界整个贫困状况的恶化，很多国际多边和双边组织把反贫困作为其首要目标，对贫困的专门研究达到一个高峰。在世行、亚行、联合国开发计划署等部门的安排下，很多国际著名贫困专家来我国进行贫困研究，使我国的贫困问题研究水平上了一个层次。这时的贫困研究又有了新的特征：第一，穷人瞄准机制。随着农村贫困人口大幅度减少，剩余的贫困人口主要集中在深山、荒漠、石山、高寒、干旱等生态环境脆弱的特困地区，如何使反贫困政策能直接惠及穷人，如何使区域瞄准政策转向贫困人口瞄准政策，其中小额信贷的引入和试点，引起了很多学者的关注和研究。第二，参与性研究。

长期以来，我国政府主导、组织型、管理型的反贫困机制在反贫困的实践中产生了重要作用，但是却影响了贫困人口的主动性、自觉性和积极性。如何制定有效的政策机制来保护贫困人口主动参与反贫困决策和计划中来，显得尤为重要。第三，市场机制与反贫困问题。随着社会主义市场经济体制的逐步确立，市场对各种资源的基础性配置起越来越大的支配作用，在市场经济运行条件下，反贫困战略定位关系到21世纪中国扶贫战略的制定。第四，城市贫困问题研究。我国学者对贫困的研究和反贫困治理主要是面向农村。但是，近几年来，由于经济转型和国有企业改革，城市贫困问题越来越凸显出来，因此，对城市贫困问题研究成为一个新兴的热门领域。

我国学者从经济学、管理学、社会学等多个角度对贫困问题进行了研究，积累了大量的研究成果。由于我国的反贫困迄今为止主要是政府行为，因此，研究中国农村贫困的主要线索与有关内容明显地与我国政府反贫困政策的发展过程相一致，但是在政策的研究中出现了与理论研究相脱离的倾向。我国各地差异比较大，致贫原因复杂多变，所以在研究贫困问题时，应当注意动态、复杂、模糊系统的研究。总之，贫困问题的研究仍任重而道远。

2 对口援疆政策演进及发展

2.1 中央及全国各省市对新疆援助政策演变

对口支援政策在20世纪50年代开始萌芽，70年代末正式提出并实施。实施以来，中央和各地方政府在实施过程中也为此出台了一系列政策措施，不断地对其进行调整和补充，以便使其能更好地发挥效用。开展新一轮对口援疆，是党中央、国务院科学分析新疆工作面临的新形势，为推进新疆跨越式发展和长治久安做出的重大战略部署，是贯彻两个大局思想、促进区域协调发展的战略举措，对于促进新疆经济发展、加强民族团结、增强自我发展能力、维护祖国统一、保障国家安全，具有极为重要的意义。

2.1.1 对口支援政策演变

新中国成立到改革开放前，为解决区域发展和资源分布不平衡问题，按照“全国一盘棋”的指导思想，中央政府依靠计划经济体制对各种资源进行全国性的调配，虽没有明确提出对口支援的政策概念，但一些地区间的支援协作和交流已形成了一定规模和延续性。比如上海对陕西的支援，从20世纪50年代中期到60年代初，上海派出金融、建筑、纺织、电力、机械、高教等行业的数万名干部、工人和知识分子支援陕西建设，为陕西的经济发展和社会进步做出了重要贡献。

中央政府第一次明确提出对口支援政策，是在1979年4月召开的全国边防工作会议上，中共中央政治局委员、中央统战部长乌兰夫在大会上做了题为《全国人民团结起来，为建设繁荣的边疆巩固的边防而奋斗》的报告。报告中提出，国家将加强边境地区和少数民族地区的建设，增加资金和物资的投入，并组织内地省、市对口支援边境地区和少数民族地区。同年7月31日，中央以中发[1979] 52号文件提出，国家要组织内地省、市，实行对口支援边境地区和少数民族地区……并决定北京支援内蒙古，河北支援贵州，江苏支援广西、新疆，山东支援青海，天津支援甘肃，上海支援云南、宁夏，全国支援西藏。从此，对口支援工作被正式提出并确定下来。

对口支援政策提出初始主要是针对发达省市对少数民族地区的支援和经济技术协作，而后相关法律法规也逐步得到完善，对口支援政策又进行了多次重申、补充和调整，以便使这项政策更加完善，更能发挥其效用。1982 年 10 月，国家计委、民委在银川市召开了经济发达省市同少数民族地区对口支援和经济技术协作工作座谈会。1983 年 1 月，国务院批准这次座谈会的纪要，强调对口支援，必须坚持“共同发展”和“互利互惠”的方针，坚持“经济效益与互助风格的有机结合”的原则。

1984 年 12 月，中共中央《关于经济体制改革的决定》明确指出：“经济比较发达地区和比较不发达地区，沿海、内地和边疆，城市和农村，以及各行业各企业之间，都要打破封锁，打开门户，按照扬长避短、形式多样、互利互惠、共同发展的原则，大力促进横向经济联合，促进资金、设备、技术和人才的合理交流，发展各种经济技术合作，联合举办各种经济事业，促进经济结构和地区布局的合理化，加速我国现代化建设的进程”。同年的《中华人民共和国民族区域自治法》中又明文规定：“上级国家机关应当组织和支持经济发达地区与民族自治地方开展经济、技术协作，帮助和促进民族自治地方提高经营管理水平和生产技术水平”。这一时期，两类地区的对口支援与经济技术协作，无论其范围还是发展的深度，均超过从前。长期固定的协作关系不断增多，企业联合体不断涌现，横向协作已成为两类地区经济计划中活跃的组成部分。这一时期，横向协作突破了条块分割，出现了区域性经济联合，例如，1984 年以后建立的西北五省（区），即陕西、甘肃、宁夏、青海、新疆的西北经济协作区；西南五省（区）六方，即云南、贵州、四川、广西、西藏、重庆的西南经济协作区；由广西、广东、湖南、湖北、河南、海南、广州、武汉、深圳组成的中南经济协作区。1984 年 2 月，中央召开西藏工作座谈会，确定由北京、天津、上海、四川、江苏、浙江、山东、福建等八省、市支援西藏 43 个建设项目。1986 年 4 月，以大城市为中心的经济区域网络在辽宁沈阳建立，由沈阳、大连、长春、哈尔滨、赤峰市和兴安盟、呼伦贝尔盟、哲里木盟组成的东北三省和内蒙古“五市三盟”以大中型骨干企业为依托的企业群体或集团的建立，标志着我国多层次、多渠道、全方位的横向协作又迈上了新的台阶。

1987 年 4 月，中共中央、国务院在批转的《关于我国民族工作几个重要问题的报告》中进一步指出：“大力发展横向联系，这是加快发展少数民族地区的经济，促进民族交往和进步的重要途径。发达地区应为继续做好对少数民族地区的对口支援，这是一项历史使命，应当坚持做好。同时，在自愿结合、互利互惠的基础上，大力发展多方面、多层次、多渠道、多形式的横向联系。通过横向联合，互通有无，取长补短，促进资金、技术、人才的合理流动”。

1995 年 9 月，中共中央十四届五中全会通过的《中共中央关于制定国民经济和社会发展“九五”规划和 2010 年远景目标的建议》中专门提出了缩小东西部差距的措施，其中就规定了沿海发达地区对口帮扶中西部的 10 个省区。其中，天津帮扶甘肃，上海帮扶云南，江苏帮扶陕西，浙江帮扶四川，山东帮扶新疆，北京帮扶内蒙古，辽宁帮扶青海，福建帮扶宁夏，广东帮扶广西，大连、青岛、深圳、宁波四个计划单列市共同帮扶贵州省。目前，对口支援涉及工业、农业、商贸、科技、人才、文教、卫生、扶贫、劳务等各个领域，并逐步形成了北京支援内蒙古，天津支援甘肃，上海支援云南、宁夏、新疆，山东、辽宁、沈阳、湖北、武汉支援青海，江苏支援广西、新疆，广东、河北支援贵州，全国（以四川、上海、浙江、天津为主）支援西藏的基本格局。

"九五"期间，根据加快新疆发展需要，中央决定从内地省市和国家机关选派2000名至2500名热爱新疆、坚持党的基本路线和方针，正确执行党的民族、宗教政策的党政领导骨干和专业技术骨干到新疆工作，从而为实现党中央、国务院关于加快中西部地区开发，逐步缩小地区间差距的战略目标提供了强有力的组织保证。1997年2月，由北京、天津、上海、山东、江苏、浙江、江西、河南8省市和中央及国家有关部委选派到新疆工作的首批200多名援疆干部陆续抵疆。此后，全国范围的对口援疆规模不断扩大。

随着市场经济改革的不断深化，东西部的差距反而进一步扩大，对口支援作为政府宏观调控的一项具体政策措施，对于促进发达地区和不发达地区之间交流以及区域协调发展的作用逐渐凸显，其适用范围已不仅仅局限于针对少数民族地区，而逐步向更广和更深的领域拓展。20世纪90年代初，为解决三峡工程库区移民和再发展问题，国务院出台《长江三峡工程建设移民条例》等法规和政策，其中明确提出要加强对口支援工作。

21世纪初，在国务院出台的一系列推进西部大开发战略的政策中，对口支援也是重要内容之一。国家对《中华人民共和国民族区域自治法》和《长江三峡工程建设移民条例》进行了修订，其中对口支援政策得到了延续和强化。

汶川地震发生后，党中央组织开展了我国历史上救援速度最快、动员范围最广、投入力量最大的抗震救灾斗争，最大限度地挽救了受灾群众生命，最大限度地降低了灾害造成的损失。

胡锦涛总书记主持召开中共中央政治局常务委员会会议，研究部署汶川地震灾后恢复重建对口支援工作。2008年6月8日，国务院颁布《汶川地震灾后恢复重建条例》；6月11日，国务院制定《汶川地震灾后恢复重建对口支援方案》，启动对口支援机制，统一部署对口支援任务；9月，《汶川地震灾后恢复重建总体规划》正式发布，并提出"三年基本恢复，五年发展振兴，十年全面小康"的灾后恢复重建总体目标。

从1979年对口支援政策明确提出到现在已经有30余年，对口支援取得了较明显的成效，积累了许多宝贵的经验，已成为国家用于解决区域发展不平衡问题，促进少数民族地区和经济相对不发达地区经济发展的有效政策手段。

2.1.2 上一轮对口援疆政策演变

支援新疆建设，是国家在世纪之交做出的一项重要决策和部署。1996 年 3 月，江泽民同志主持中央政治局常委会关于专题研究新疆稳定工作的会议，下发了《中共中央关于新疆稳定工作的会议纪要》［1996］7 号文件，做出了“培养和调配一大批热爱新疆，能够坚持党的基本理论、基本路线和基本方针，正确执行党的民族宗教政策的汉族干部去新疆工作”的决策部署，由此对口援疆正式拉开序幕。

随着对口援疆的逐步深入，2002 年中组部选择哈密市和霍城县开展援疆干部担任县（市）委书记试点工作，2005 年又将这一试点扩大到阿图什市、疏勒县和和田市，由此援疆干部担任县（市）委书记的县（市）达到 5 个。

2005 年 4 月，党中央又提出了以干部支援为龙头，实行经济、科技、文化全方位支援南疆四地州和生产建设兵团在南疆三个师的重要举措，这是党中央对援疆工作在政策上的重大调整。援疆的战略决策和部署不仅为当地经济社会快速发展注入了强大动力，为促进新疆改革发展稳定做出了重要贡献。

特别是党的十六大以来，以胡锦涛同志为总书记的党中央，审时度势，基于对形势的科学判断，提出一系列促进新疆发展和稳定的重大决策，确定了“稳疆兴疆，富民固边”的战略。此后，中央多次在与新疆有关的会议及文件上提出援疆工作的重要性论述及相关措施，如中央相继下发了中共中央办公厅［2003］32 号和［2004］11 号文件，对援疆工作进行了一系列具体部署。

2005 年，中共中央办公厅下发［2005］15 号文件，对援疆政策做了调整。中央要求对新疆南疆四地州和兵团等实行干部支援和经济对口支援相结合，分别由北京等 8 省市和中国长江三峡工程开发总公司等 15 个国有重要骨干企业承担对口支援任务。同年 5 月，援疆工作领导会议和对口支援南疆工作会议召开，内地 7 省市援疆干部领队、南疆四地州及 33 个县市的主要领导、兵团三个师的主要领导参加了对口支援南疆的会议。

2007 年中央专门出台了《关于进一步促进新疆人事工作的意见》（国人部发［2007］161 号），意见要求探索建立专业技术人员继续教育对口援疆制度，鼓励东部沿海和经济发达地区面向新疆开展继续教育对口支援项目。

2007 年 9 月，国务院召开常务会议，在研究加快新疆经济社会发展时强调，坚持不懈加大对口援疆工作力度，促进民族地区经济、政治、文化、社会全面进步。同月，国务院颁布了《国务院关于进一步促进新疆经济社会发展的若干意见》（即国务院 32 号文件），强调要加大对新疆的对口支援力度，提出要本着办实事、求实效的原则，完善和创新对口支援方式，把工作重点放在培育当地自我发展能力上。要以经济、科技、教育、医疗、文化援助为重点，全方位开展援疆工作，特别要在资金、人才、技术和项目等方面，加大对南疆三地州的支持；要进一步扩大干部和专业人才的援疆规模，加大对新疆各类专业人才的对口培训力度；引导东部地区经济实力雄厚、产业优势明显、人才和技术力量突出的大企业和企业集团，同新疆联合开发各种优势资源；鼓励更多的省市、企业向新疆提供人才、资金、项目援助，加强经贸合作交流，形成全国支援新疆发展的格局。

在政策的实践过程中，由于中央的多方面协调，截至2010年2月底，基本上形成了固定的对口援助关系，见表2-1。

表2-1 上一轮对口援疆结对关系

受援方	援助方	受援方	援助方
和田地区	北京、浙江和中国电子信息产业集团公司、中国三峡总公司	克孜勒苏柯尔克孜自治州	辽宁、江西和中国华能集团公司
喀什地区	天津、山东和中国网络通信集团公司、中国南方电网公司、中国五矿集团公司、鞍山钢铁集团公司、中国华电集团公司、中国通用技术集团公司	阿克苏地区	上海、河南和国家开发投资公司、中国国电集团公司、中国海运集团总公司
博尔塔拉蒙古自治州	湖北省	巴音郭楞蒙古自治州	河北省
伊犁哈萨克自治州	江苏省	昌吉回族自治州	福建省
哈密地区	广东省	吐鲁番地区	湖南省

另外，自治区各直属单位、阿勒泰地区、塔城地区、乌鲁木齐市和兵团所需援疆干部由中央、国家机关及部分国有重要骨干企业负责选派。部分援助省市根据自己的实际能力又在一定的范围内确定所属市县区对口相关县市，如北京市在对口支援和田地区的基础上确定怀柔区对口支援洛浦县、平谷区对口支援策勒县、宣武区对口支援墨玉县。

2.1.3 上一轮对口援疆成效

对口援疆是党中央、国务院为促进新疆发展、维护新疆稳定做出的一项重要决策和部署。自1996年到2010年的13年中，中央和各省市已先后选派了6批，共3700多名各类干部支援新疆建设，成为助推新疆经济社会大发展的不竭动力。据自治区党委组织部统计，中央开展援疆工作13年来，内地已累计向新疆无偿援助资金物资折合人民币近43亿元。据自治区党委组织部援疆工作处介绍，内地援助资金主要用于解决新疆基层民生问题，来自各地的援助资金对加强受援地区基础设施建设、推进工业化进程、帮助农牧民脱贫致富发挥了重要作用。比如，广东省从1998年起对口支援哈密地区，13年来共派出200多名援疆干部，投入6亿多元，支持哈密地区建设了260多个项目，促进了两省区之间的交流，直接推动了哈密地区经济发展。浙江省自1997年开始对口支援和田地区1市2县，13年来，浙江省以干部支援为龙头，实行经济、科技、文化等全方位支援和田地区，先后派出6批335名援疆干部到和田地区帮助工作，累计无偿向和田地区援助资金、物资折合人民币4亿余元。以在浙江各县市挂职的方式，帮助和田地区培训各类干部861人。浙江省援建的产业、民生等项目大力促进了和田地区经济发展和社会稳定。援疆干部为新疆的经济建设和社会稳定做了大量工作，由援疆干部担任县（市）委书记的两个试点县（市）——哈密市和霍城县，经济和社会各项事业取得了良好的发展态势，多项经济指标都有明显增长。援疆干部充分发挥了促进新疆发展、维护新疆稳定的工作队作用，先进思想、先进经验的传播队作用，促进新疆与内地省市经济技术合作与交流的联络队作用，增进内地对新疆全面了解的宣传队作用。其在新疆的改革、发展、稳定中发挥了特殊重要的作用，做出了并将继续做出不可磨灭的贡献。

持续不断的援疆工作有力地促进了新疆各地社会事业的发展。在新疆南部重镇喀什，一批批援疆的教师大幅提高了当地的教育教研水平，喀什市第二中学的升学率由以前的不足50%，提高到现在的90%以上，一大批少数民族学生在援疆老师的精心辅导下考上了全国重点大学。作为文化和教育大省，湖南省自开展援疆工作以来，就将教育援疆作为重点。1999年4月，在湖南省委、省政府的大力援助和吐鲁番地委、行署的关心呵护下，吐鲁番地区实验中学应运而生。湖南省先后选派了51位优秀教师到吐鲁番地区实验中学工作、任教，他们不远万里，把先进的教育理念、丰富的管理经验和精湛的教学方法带到了吐鲁番。湖南省教育厅和湖南师大附中为学校捐赠了价值25万元的图书；湖南师大附中在该校设立了20万元的“广益奖学金”；长沙市教育局捐赠20万元设立了“星城园丁奖”，并援助办学资金40万元；长沙市周南中学捐资10万元设立“周南教育科研奖”。湖南社会各界的大力支持和无私援助，为吐鲁番地区实验中学的发展插上了腾飞的翅膀。

从2005年起，援疆政策将无偿援助与互利互惠结合起来，努力促进南疆的发展稳定，并以干部支援为龙头，实行经济、科技、文化全方位支援。中央决定从2005年起，对新疆南疆四地州和兵团在南疆的三个师，实行干部支援和经济对口支援相结合，分别由北京等8省市和中国长江三峡工程开发总公司等15个国有重要骨干企业承担对口支援任务。对口支援南疆的省份和单位在原来的基础上，新增加了辽宁省和中国长江三峡工程开发总公司、鞍山钢铁集团公司、中国电子信息产业集团公司等15个国有重要骨干企业。

2.2 新一轮对口援疆概况

新疆经济发展，特别是改革开放以来取得了巨大成就，但与全国其他省区相比仍然存在较大差距，面临着一些突出问题，特别是“7·5”事件的发生，反映出新疆作为边远民族地区，经济发展长期滞后，将会影响社会和谐稳定和国家安全，而依靠新疆自身力量，又难以实现新疆长治久安的战略目标，因此尽快促进和实现新疆跨越式发展，缩小同内地省区的发展差距，是我国当前面临的一项重要战略任务。开展新一轮对口援疆，是党中央、国务院科学分析新疆工作面临的新形势，为推进新疆跨越式发展和长治久安做出的重大战略部署，是贯彻两个大局思想、促进区域协调发展的战略举措，对于促进新疆经济发展、加强民族团结、增强自我发展能力、维护祖国统一、保障国家安全，具有极为重要的意义。

2.2.1 开展新一轮对口援疆的背景

2010年3月29~30日，全国对口支援新疆工作会议在北京召开，5月17日至19日中央新疆工作座谈会召开。2010年6月7日，国务院下发了新疆工作座谈会通过的《中共中央、国务院关于推进新疆跨越式发展和长治久安的意见》及两个附件：即《关于支持新疆经济社会发展若干政策和重大项目的意见》、《关于进一步加强和推进对口支援新疆工作的实施方案》。按照“全面支持、民生优先”的原则全面实施经济援疆、人才援疆、教育援疆、科技援疆，把“输血”和“造血”、“硬件”与“软件”建设、物质支援和文化交流结合起来，着力增强受援地区自我发展能力。会议确定北京、天津、上海、广东、辽宁、深圳等19个省市承担对口支援新疆的任务，将建立起人才、技术、管理、资金等全方位对口援疆的有效机制，把保障和改善民生置于优先位置，着力帮助各族群众解决就业、教育、住房等基本民生问题，支持新疆特色优势产业发展。

中央新疆工作座谈会的召开，不仅在新疆工作历史上具有里程碑意义，而且对党和国家工作具有全局性意义。中央新疆工作座谈会深刻分析了新疆工作面临的形势和任务，提出了新疆工作在党和国家工作大局中具有特殊重要的战略地位，新疆的发展和稳定，关系全国改革发展稳定大局，关系祖国统一、民族团结、国家安全，关系中华民族伟大复兴，进一步明确了当前和今后一个时期做好新疆工作的指导思想、主要任务、工作要求，并对推进新疆跨越式发展和长治久安做出了战略部署。《关于进一步加强和推进对口支援新疆工作的实施方案》根据统筹兼顾、突出重点，全面支持、民生优先，科学规划、有序推进，加强协作、促进互利的原则，提出了把经济援疆、干部援疆、人才援疆、教育援疆、科技援疆更好地结合起来，落实援助项目，加强政策支持，加大推进新疆跨越式发展和长治久安工作力度，不断开创新疆发展和稳定新局面。由此，新一轮援疆拉开帷幕。

根据中央新疆工作会议精神，党中央部署新一轮促进新疆稳定与发展的决策，决定采取“5·12”特大地震灾后的灾区重建模式对新疆进行扶持。2008 年“5·12”特大地震一个月后，中央发布《汶川地震灾后恢复重建对口支援方案》，18 个省市以“一省市帮一重灾市县”的制度分别对口支援四川、甘肃、陕西严重受灾的县市。借鉴此模式，新疆 80 余个县获得来自 19 个省区市的对口支援，此次中央决策层启动的对口援疆，可以说是这么多年来支援地域最广、所涉人口最多、资金投入最大、援助领域最全面的一次对口支援。2011 年 19 个省市对口援疆资金总规模将超过 100 亿元，以后还会逐步增加。同时，通过转移支付、专项资金等渠道，中央投入资金规模将数倍于对口援疆资金规模。新的对口援疆机制代表了中央解决新疆发展问题、特别是基础问题、民生问题的决心。

这标志着国家对新疆发展的支持进入了新的历史阶段，新一轮对口援疆工作力度之大，出台的政策和投入的资金之多，在新疆历史上前所未有，在中国区域援助历史上也是空前的。

2.2.2 新一轮对口援疆的主要内容

2.2.2.1 新一轮对口援疆的主要目标

力争 5 年内，使新疆特别是南疆地区经济发展明显加快、各族群众生活明显改善、城乡面貌明显改观、公共服务水平明显提高、基层组织建设明显加强。通过 10 年时间，最大程度地缩小新疆与内地差距，确保 2020 年新疆实现全面小康社会目标。

2.2.2.2 新一轮对口援疆的主要任务

要按照中央的决策部署，建立起人才、技术、管理、资金等全方位对口支援新疆的有效机制，把保障和改善民生放在支援的优先位置，着力帮助各族群众解决就业、教育、住房等基本民生问题，着力支持新疆特色优势产业发展。具体任务包括：改善当地各族群众基本生活条件；支持受援地区产业发展；促进当地就业；培养干部人才。

2.2.2.3 新一轮援疆建设的主要方式

援疆建设方式主要分为三种：一是“交钥匙”，二是“交支票”，三是“共建”。“交钥匙”指的是项目设计施工全部由支援方负责，建好以后交钥匙给受援方使用。“交支票”则为项目从设计到施工全部由受援方负责实施，支援方提供资金。“共建”则是支援方和受援方共同承担项目实施和资金筹措。

2.2.2.4 新一轮对口援疆的时间安排

新一轮对口援疆工作期限为2011年至2020年。2010年为深入调查研究，编制专项规划，开展试点，加强人员培训，抓紧做好对口援疆的前期准备。2011年全面实施对口援疆工作。

2.2.2.5 新一轮对口援疆的结对关系

19个省市对口援疆结对情况见表2-2。

表2-2 19个省市对口援疆结对情况

支援方	受援方	
深圳	喀什地区	喀什市、塔什库尔干塔吉克自治县
广东		疏附县、伽师县、兵团农三师图木舒克市及团场
上海		莎车县、泽普县、叶城县、巴楚县
山东		麦盖提县、疏勒县、岳普湖县、英吉沙县
北京	和田地区	和田市、和田县、墨玉县、洛浦县、兵团农十四师团场
天津		民丰县、策勒县、于田县
安徽		皮山县
江苏	克孜勒苏柯尔克孜自治州	阿图什市、乌恰县、阿合奇县
江西		阿克陶县
浙江	阿克苏地区	阿克苏市、阿瓦提县、温宿县、新和县、沙雅县、拜城县、库车县、乌什县、柯坪县、兵团农一师阿拉尔市及团场
江苏	伊犁哈萨克自治州直属县市	伊宁市、霍城县、奎屯市、伊宁县、新源县、察布查尔锡伯自治县、尼勒克县、巩留县、昭苏县、特克斯县、兵团农四师团场、兵团农七师团场
河北	巴音郭楞蒙古自治州	库尔勒市、和静县、焉耆回族自治县、和硕县、博湖县、且末县、若羌县、轮台县、尉犁县、兵团农二师团场
湖南	吐鲁番地区	吐鲁番市、鄯善县、托克逊县
河南	哈密地区	哈密市、巴里坤哈萨克自治县、伊吾县、兵团农十三师团场
湖北	博尔塔拉蒙古自治州	博乐市、精河县、温泉县、兵团农五师团场
福建	昌吉回族自治州	昌吉市、玛纳斯县、呼图壁县、奇台县、吉木萨尔县、木垒哈萨克自治县
山西		阜康市、兵团农六师五家渠市及团场
辽宁	塔城地区	塔城市、乌苏市、额敏县、和布克赛尔蒙古自治县、托里县、裕民县、沙湾县、兵团农九师团场、兵团农八师石河子市及团场
吉林	阿勒泰地区	阿勒泰市、哈巴河县、布尔津县、吉木乃县
黑龙江		青河县、富蕴县、福海县、兵团农十师团场

2.2.3 新一轮对口援疆的主要特点

新一轮对口援疆的主要特点是：

（1）范围广。新一轮对口援疆包括经济援疆、干部援疆、人才援疆、教育援疆、科技援疆的全方位对口援疆。

（2）支持力度大。对援疆资金做了明确规定，按援疆省市每年地方财政一般预算收入的一定比例进行支援，并且资金支援和项目支援、产业支援相结合。根据对19个省市援疆《规划》的初步统计，援疆规划地方项目共1847个，援助资金总额562.78亿元。项目涉及安居富民、定居兴牧、棚户区改造、新农村建设、特色优势产业基地建设和设施农业发展、医院病房楼和学校教学楼建设、乡村道路和防洪应急工程建设、职业技能实训基地、基层阵地建设等。其中房屋建设项目280个，援助资金268.49亿元，占援疆资金总额的47.4%；社会发展项目744个，援助资金138.09亿元，占援疆资金总额的24.4%；产业发展项目331个，援助资金84.5亿元，占援疆资金总额的15%；人才培训项目144个，援助资金19.14亿元，占援疆资金总额的3.4%；基层阵地建设项目235个，援助资金10.23亿元，占援疆资金总额的1.8%；其他类项目113个，援助资金14.3亿元，占援疆资金总额的2.5%；地州统筹和预留资金32亿元，约占援疆资金总额的5.6%。

（3）重点突出。强调民生优先，重点支援新疆贫困地区特别是南疆地区，着力解决各族群众生产生活中最直接、最现实、最紧迫的问题。援疆省市按照试点先行、民生优先的原则，结合受援地实际，先后启动了一批条件成熟、受援县市急需的对口支援项目，其中教育卫生和房屋建设项目数量及援助资金均位居前列。例如，2010年4月，北京市对口支援的和田市棚户区改造一期工程启动，计划建设安置房2.3万平方米，安置棚户区居民228户。同时启动的还有和田县抗震安居工程暨新农村建设、墨玉县设施农业建设、洛浦县人民医院病房楼建设和农十四师红枣加工基地建设4个项目。

（4）思路创新。把增强受援地区自我发展能力作为最终目标，强调“输血”与“造血”相结合，增强新疆自身的“造血”功能；强调“硬件”建设与“软件”建设相结合；资金支持与人才支持相结合；物质支援与文化交流相结合。

（5）强调协作。支援省市把对口支援作为自身工作的重要组成部分，受援地区主动配合，例如江西省把阿克陶县作为江西省第100个县进行规划建设。中央支持新疆的专项资金，在不改变分配渠道、不改变使用方向的前提下，可按照对口支援专项规划，与支援省市的援助资金统筹使用，体现了协作原则。

2.3 新一轮对口援疆的进展与成效（2010～2012年）

全国对口支援新疆工作会后，19个对口援疆省市选派优秀有经验的干部担任前方总指挥长，做到机构到位、人员到位、责任到位，对口援疆进展有序进行。

2.3.1 新一轮对口援疆进展

2.3.1.1 2010 年对口援疆试点情况

2010 年共启动对口援疆试点项目 172 个，项目总投资约 58.08 亿元。对口援助资金约 26.38 亿元，已完工 79 个项目，总投资约 23.26 亿元，对口援助资金约 12.47 亿元。项目涉及城镇基础设施建设、工贸园区、农业示范园区、新农村建设、教育、卫生、水利、政府公益等领域。对口支援省市已基本完成对口支援综合规划。

其中，2010 年和田地区围绕以保障和改善民生、培育特色产业为重点，试点项目 29 个，总投资 46756 万元，安排对口援助资金 35844 万元，完成安居富民工程试点户 2312 户。三省市对口支援综合规划及专项规划编制完成。

2.3.1.2 2011 年对口援疆进展

2011 年，19 个对口支援省市重点安排了安居富民、定居兴牧、“双语”教育、村级文化活动中心等项目，共计 1448 个，安排援助资金 134.4 亿元。截至 2011 年 12 月底，2010 年 165 个试点项目已全部开工，159 个项目已完工，完工率为 96.4%。试点项目的援助资金 24.4 亿元已全部拨付到疆，按工程进度拨付到项目 24.36 亿元，项目资金到位率达到 99.9%。2011 年，1283 个计划项目已开工 1271 个，开工率达到 99.1%，已完工项目 877 个，完工率 68.4%。计划项目的援助资金 110 亿元全部拨付到疆，按工程进度拨付到项目 104 亿元，项目资金到位率达到 94.5%。

其中，克州：开工建设江西、江苏计划援建项目 66 个，援助资金 6.43 亿元。产业援疆工作全面启动，江苏省“百企千亿”工程与克州签约项目 10 个，金额 38 亿元。喀什地区：总投资 67 亿元的以民生为重点的 305 个援疆项目进展顺利。山钢、山水、上海月星、广州新城、深圳丽笙等一大批项目开工建设。科技、教育、文化、卫生、干部人才援疆顺利推进，援助省市培训人员 2.9 万人次，6425 名干部、1795 名未就业普通高中毕业生接受异地培训。和田地区：2011 年北京、天津、安徽三省市共安排项目 262 个，计划安排援助资金 28.62 亿元（不含兵团），实际到位资金 25.46 亿元，资金到位率 89%，已开工项目 262 个（已完工项目 194 个），开工率 100%。积极加强与对口支援省市的双向交流，2011 年对口支援三省市共选派 369 名援疆干部到和田地区开展工作，承接 971 名和田地区少数民族普通高校毕业生培养任务，三省市先后开设和田地区高中班，共招收 42 名和田地区学生免费就读。同时，依托对口援疆省市，组织 483 人赴内地进行学习考察，举办各类培训班129个，培训3621人次，选送2505名各类人才赴内地学习培训。

2.3.1.3 2012年对口援疆进展

截至2012年年底，19个援疆省市共组织实施援助自治区地方项目1297个，其中930个新建项目于10月底全部开工，367个续建项目绝大部分已完工，拨付到疆资金114.2亿元。按照国家核定的2012年援助资金额度计算，援助自治区地方的资金到疆率达到111.9%，超出核定额度12.1亿元。所有援疆省市项目开工率、资金到疆率均达到或超过100%，提前超额完成了“援疆项目100%开工、援疆资金100%到疆”的年度目标。

其中，克州：2012年，江西省、江苏省和华能集团实施援助项目77个，完成援疆资金投资6.92亿元，完工项目72个，实现了援疆资金100%到位、援疆项目100%开工。积极承接产业转移、加快推进产业合作，援疆资金投入产业园区基础设施建设1.1亿元，江苏省10家企业与克州新签订了34.4亿元产业合作协议。科技、教育、文化、卫生、干部人才援疆顺利推进，援疆省市帮助克州编制完成各类专项规划58项，培训各类干部和未就业大学毕业生8645人次。喀什地区：2012年，援喀四省市共安排政府援疆项目285个，援疆资金38.77亿元。新一轮援疆工作开展以来，全地区落地产业项目438个，到位资金193.4亿元。山钢、山水、宝钢、上海建材、隆基水泥等一批重大产业项目的落地，助推了喀什经济社会快速发展。和田地区：2012年，北京市、天津市、安徽省等对口支援省市共安排项目291个，计划安排援助资金24.65亿元（不含兵团），实际到位资金25.37亿元，资金到位率103%，完成投资24.28亿元，已开工项目291个（已完工项目262个），开工率100%。全年共选派317名援疆干部来和田地区工作，承接1173名和田地区少数民族普通高校毕业生培养任务，招收380名和田地区中学生免费就读。

2.3.2 新一轮对口援疆成效

新疆紧紧抓住19个省市对口援疆的大好机遇，以产业援疆、项目援疆和人才援疆为核心，增强自我发展能力。

2.3.2.1 产业援疆

吸引、支持19个省市企业、中央企业来疆投资，建立了援疆省市48家国家级开发区对口支援新疆39家产业聚集园区的结对关系。大众汽车、三一重工等大项目的落地，吸引了庆华、万向、徐工等一批国内知名企业落户新疆。截至2012年年底，19个援疆省市累计安排财政性援助资金34.10亿元支持受援地园区建设，扶持特色优势产业发展。中央企业完成自治区地方项目投资 1782.60 亿元。自治区地方引进援疆省市经济合作项目 2662 个，已到位资金 2580 亿元，其中，2012 年到位资金 1493 亿元，增长 37.3%。一批强产业、惠民生的重大项目密集开工建设和建成投产，取得了良好的经济和社会效益。

2.3.2.2 项目援疆

重点实施了一大批受援地迫切需要的民生项目，超过 70% 的援疆资金用于民生建设，95% 以上的援疆资金安排使用到县（市）及以下基层。截至 2012 年年底，19 个援疆省市累计实施援疆地方项目 2378 个（不含兵团，下同），拨付到疆援助资金 248.60 亿元，超过国家核定额度 26.5%。其中，安排住房及配套设施建设 82 亿元，占援疆资金总量的 33%；安排教育、卫生、就业培训 68.30 亿元，占援疆资金总量的 27.5%。1612 个援疆项目相继建成使用，给受援地群众带来了实惠。

2.3.2.3 人才援疆

以对口援疆干部人才培养工程为载体，全面推进 8 个方面重点工作。截至 2012 年年底，19 个省市累计投入 24 亿元，实施干部人才援疆项目 1244 个。柔性引进各类干部人才 8826 人，选派 4623 名干部人才赴援疆省市挂职锻炼，完成 2.3 万名未就业普通高校毕业生赴援疆省市培养学习选派任务，培训新疆各类干部人才 33.9 万人次。投入 9.8 亿元用于基层组织和政权建设，新建改扩建村和社区阵地 2000 多个，组织 2.7 万名县乡村干部赴援疆省市轮训，选派 366 名青年科技英才赴内地定向培养，近 1200 名专业技术援疆干部人才中期轮换工作圆满完成。

从全国对口支援新疆的举措可以看出，中央决心以举国之力解决新疆发展的基础问题。而如何在经济增长中保持社会和谐发展，将是新疆今后需要研究和实践的重要课题。新一轮对口援疆既是具体落实中央新时期新疆工作任务的重大措施，也是对口支援政策措施从应急逐步走向制度化的最新实践，还是西部大开发新阶段模式和道路的新探索，更是社会主义制度优越性通过对口支援的充分发挥和直接体现。

3 新一轮对口援疆以来新疆及贫困地区发展现状与致贫原因

3.1 新一轮对口援疆以来新疆经济社会发展状况

中央新疆工作座谈会召开以来，在中央和对口援疆省市大力支持下，新疆经济社会快速发展，发展质量和效益明显提升，经济总量不断扩大，经济实力显著增强，为实现新疆跨越式发展和长治久安迈出了坚实的步伐。

3.1.1 经济运行速度加快，发展质量大幅跃升

3.1.1.1 经济运行速度加快

2012 年，新疆维吾尔自治区生产总值（GDP）7530.32 亿元，自 2010 年以来地区生产总值年均新增 1000 亿元。2010 ~ 2012 年，新疆生产总值分别增长 10.6%、12.0%、12.0%，增速分别比全国快 0.2、2.8、4.2 个百分点（如图3-1所示），在全国的位次由 29 位、21 位，跃升至 11 位，在西部十二省区由 12 位跃升至第 8 位（见表 3-1），是 1991 年以来最好位次。中央新疆工作座谈会以来，新疆 GDP 年均增长 11.5%，新疆进入历史上经济发展最好、最快的时期，增速比 1979 ~ 1999 年（改革开放至西部大开发前）高 1.0 个百分点，比 2000 ~ 2009

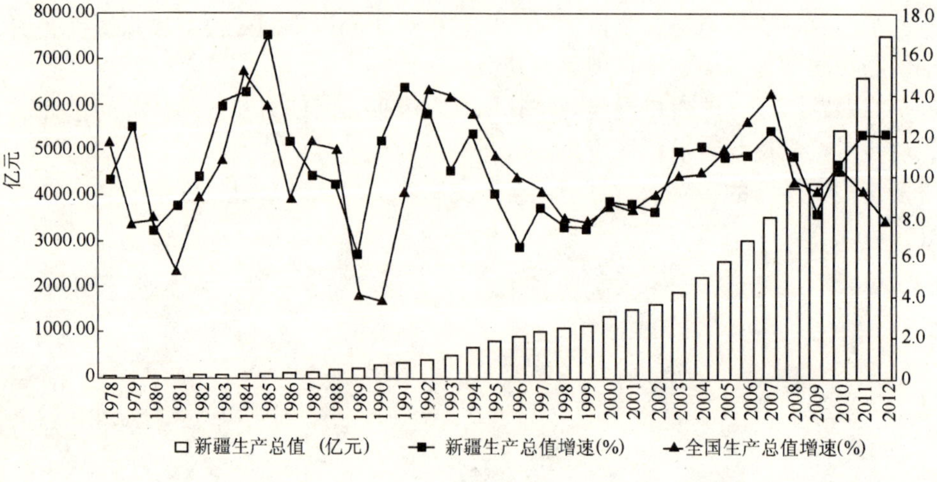

图 3-1 新疆及全国生产总值增长情况（1978 ~ 2012 年）

年（西部大开发至中央新疆工作座谈会前）高 1.4 个百分点。

表 3-1　新疆生产总值及增速情况

年份	新疆						全国	西部
	地区生产总值(万元)	生产总值增速(%)	与全国增速比较(%)	与西部平均增速比较(%)	在全国排位	在西部排位	GDP 增速(%)	GDP 平均增速(%)
2000	1364.36	8.2	-0.2	0.6	26	10	8.4	7.7
2001	1491.60	8.6	0.3	0.1	29	10	8.3	8.5
2002	1612.65	8.2	-0.9	-1.3	31	12	9.1	9.4
2003	1886.35	11.2	1.2	0.8	19	8	10.0	10.5
2004	2209.09	11.4	1.3	-0.1	27	10	10.1	11.4
2005	2604.19	10.9	-0.4	-0.4	29	11	11.3	11.3
2006	3045.26	11.0	-1.7	-0.8	31	12	12.7	11.8
2007	3523.16	12.2	-2.0	-1.0	29	11	14.2	13.2
2008	4183.21	11.0	1.4	-0.4	20	8	9.6	11.4
2009	4277.05	8.1	-1.1	-3.2	30	12	9.2	11.3
2010	5437.47	10.6	0.2	-2.0	29	12	10.4	12.6
2011	6610.05	12.0	2.7	-0.6	21	12	9.3	12.6
2012	7530.32	12.0	4.2	—	11	8	7.8	12.4

数据来源：《新疆统计年鉴》、《中国统计年鉴》。

2012 年，新疆人均生产总值 33909 元。2009～2012 年，人均地区生产总值由 19942 元增加到 33909 元（如图 3-2 所示），增长 34.1%，年均增长 10.3%，

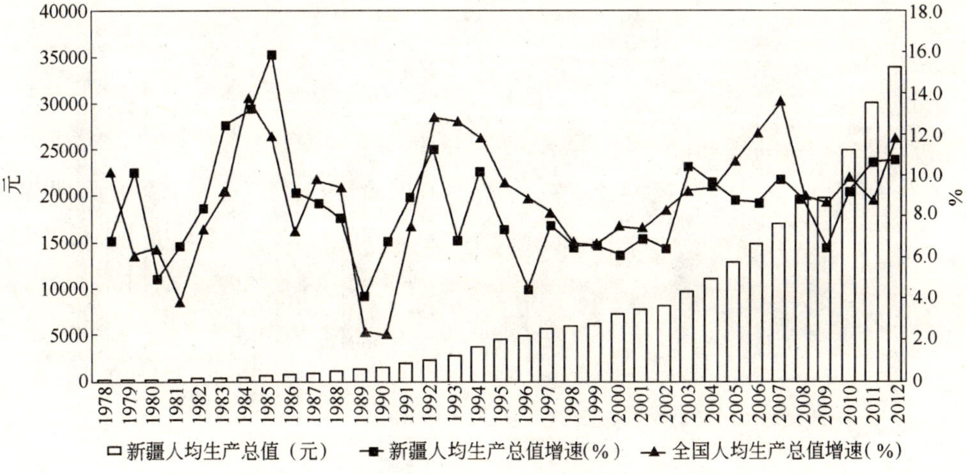

图 3-2　新疆及全国人均生产总值增速情况（1978～2012 年）

人均地区生产总值由2920美元增加到5372美元。

3.1.1.2 发展质量大幅跃升

发展质量大幅跃升，主要体现在以下3个方面：

（1）政府收益。财政收入实现了三年翻一番，2012年，全口径财政收入1921亿元，是2009年的2.3倍，年均增长32.9%。自治区公共财政预算收入908.87亿元，年均新增公共财政预算收入170亿元以上。2010~2012年，公共财政预算收入分别增长28.8%、44.0%、26.2%，增速由2009年全国第30位，跃升至全国第9位、第6位、第3位。公共财政预算收入相当于地区生产总值的比例由9.1%上升至12.1%，提高3.0个百分点。

（2）企业效益。2012年，规模以上工业企业实现利税总额1482.88亿元，比2009年增长72.8%，年均增长20.0%；实现利润总额841.67亿元，比2009年增长73.7%，年均增长20.2%。其中，利税总额超过亿元企业106家，比2009年增加40家；利润总额超过亿元企业77家，比2009年增加32家。

（3）居民收入。2012年，城镇居民人均可支配收入17921元，比2009年增长46.2%，年均增收近1900元，年均增长13.5%，比全国平均增速高0.8个百分点，比中央新疆座谈会前十年（2000~2009年）快4.8个百分点（见图3-3、表3-2）。由于自治区财政实施向基层、艰苦地区和群体倾斜的政策，全面提高机关、事业、教育、卫生单位人员收入及绩效工资；全面提高城乡低保、企业职工最低工资、农村“五保”、“四老”人员、优抚对象以及其他各类人员工资收入

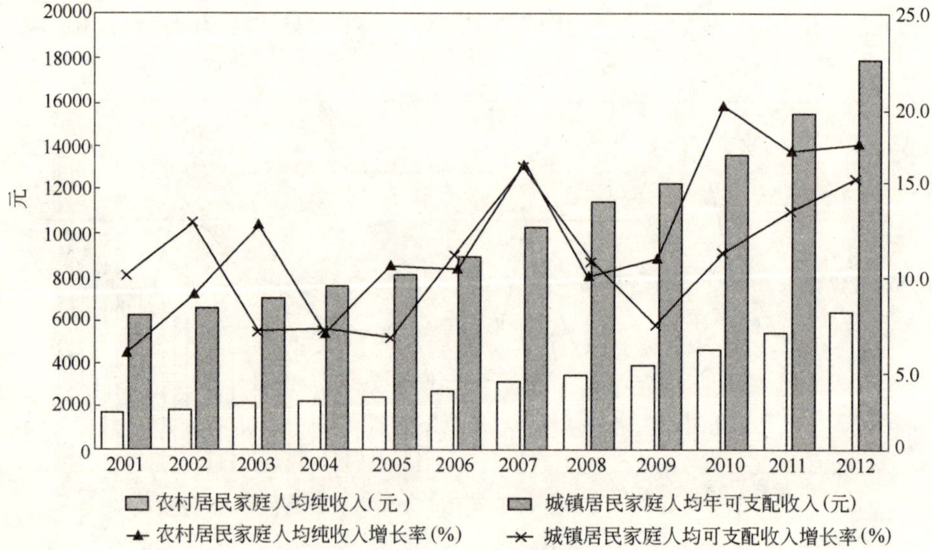

图3-3 新疆城乡居民收入及增长速度情况（2001~2012年）

和生活补贴水平。城镇居民转移性收入达到3984元，增加1705元，年均增长20.5%，高出城镇居民收入平均增速7.0个百分点。

表3-2 新疆城乡居民收入情况（1978~2012年）

年份	农村居民家庭人均纯收入绝对数（元）	城镇居民家庭人均年可支配收入绝对数（元）	农村居民家庭恩格尔系数（%）	城镇居民家庭恩格尔系数（%）
1978	119	319		
1980	201	427	60.8	57.3
1985	394	735	57.9	46.8
1990	684	1314	53.7	47.8
1995	1137	4163	50.1	44.8
2000	1618	5645	50.0	36.4
2001	1710	6215	50.4	34.8
2002	1863	6554	49.0	33.9
2003	2106	7006	45.5	35.9
2004	2245	7503	45.2	36.1
2005	2482	7990	41.8	36.4
2006	2737	8871	39.9	35.5
2007	3183	10313	39.9	35.1
2008	3503	11432	42.5	37.3
2009	3883	12258	41.6	36.3
2010	4643	13644	40.3	36.2
2011	5442	15514	36.1	38.3
2012	6394	17921	36.1	37.7

数据来源：《新疆统计年鉴2013》。

农民人均纯收入6394元，增长64.7%，年均增收837元，年均增长18.1%，比全国平均增速高2.7个百分点，比中央新疆座谈会前十年（2000~2009年）快7.9个百分点。城乡居民收入差距由2009年的3.16∶1缩小至2.80∶1，比全国的差距小0.3个百分点。近年来，自治区实施的各项强农惠农补贴政策多达50项，带动农民政策性收入大幅提高，农民人均转移性收入由2009年的121元提高到976元，增长7.0倍，占纯收入的比重由3.1%提高到15.3%。

2012年，城镇居民人均可支配收入、农民人均纯收入增速分别达到15.5%、17.5%，增速双双跃居全国首位。

3.1.2 “三化”进程稳步推进

3.1.2.1 新型工业化迈出新步伐

能源资源转换取得重大突破，落实差别化产业政策取得积极成效，大力培育新兴产业和优势产业，高起点、高标准、高质量承接内地产业转移，引进汽车、大型化工装备、电子材料、煤炭深加工等行业大型企业集团入驻新疆，特色产业集聚区快速发展，传统产业改造升级步伐加快，重点产业结构调整升级初见成效。地方工业比重稳步提高，具有地方特色的工业产业正在崛起，工业增速在全国的位次波动前移。2012 年，工业增加值 2929.90 亿元，比 2009 年增长 42.5%，年均增长 12.5%，高出全国平均增速 2.4 个百分点。2010 ~ 2012 年，工业增加值分别增长 13.5%、11.4%、12.7%（如图 3-4 所示），增速分别位居全国第 24 位、第 28 位、第 21 位。新疆煤炭深加工、特色金属资源加工、装备制造、钢铁、建材、汽车等产业发展提速，煤化工、铝制品深加工、盐化工等特色产业集聚区快速发展。若扣除新疆（石油工业占 49.4%，增速仅为 4.1%）与全国工业结构巨大差异的影响，2012 年，新疆非石油工业占整个工业增加值的比重首次达到 50% 以上，增长 21.8%，高出全国平均增速 13.9 个百分点，高出陕西省（工业增速全国第 1）5.2 个百分点，居全国首位。在全国工业出现下行趋势的情况下，新疆工业开始进入快速增长通道。新疆工业信息化步伐加快，“数字企业”、“数字城市”建设加快实施，电子商务、电子政务和农村信息化建设加快推进，乌鲁木齐、克拉玛依云计算产业基地项目启动。

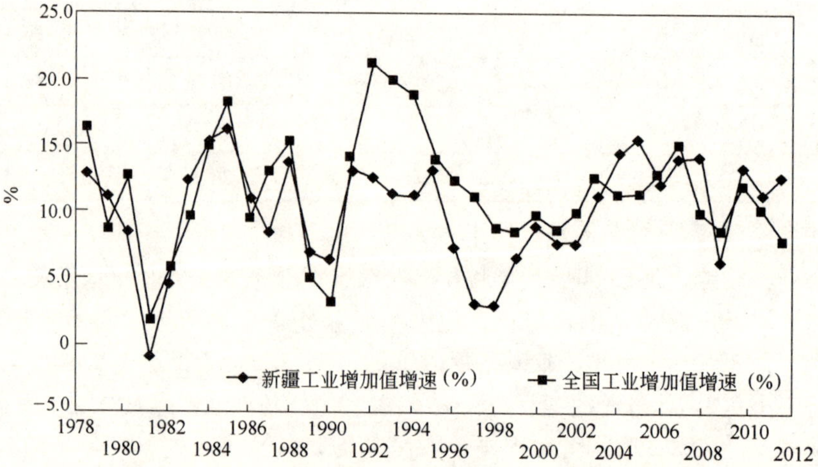

图 3-4 新疆及全国工业增加值增速情况（1978 ~ 2012 年）

工业制造业投资大幅增长。2012 年，工业投资 2988.09 亿元，相当于 2009

年的 2.4 倍，年均增长 33.1%，高于全社会固定资产投资增速 2.8 个百分点，占全社会投资的比重由 44.8% 提高到 47.7%。其中，制造业投资 1517.83 亿元，是 2009 年的 3.4 倍，年均增长 49.8%，占工业投资的比重由 35.6% 提高到 50.8%。

重点产业生产、投资快速增长。2012 年，除石油工业生产、投资低速增长，纺织工业生产增长、投资下降外，其他重点监测的八大优势工业均实现了生产、投资同步快速增长。其中，电力工业生产、投资分别增长 31.8%、36.8%；化学工业分别增长 25.2%、20.7%；煤炭工业分别增长 17.4%、32.7%；有色工业分别增长 43.4%、49.1%；装备制造业分别增长 11.3%、77.4%；钢铁工业分别增长 18.5%、65.3%；农副食品加工业分别增长 11.6%、69.7%；汽车制造业分别增长 3.0 倍、2.3 倍。除化工行业外，大多数重点产业投资增速远超生产增速，为新疆工业结构进一步优化调整奠定了基础。

工业自主性增长动力增强。围绕资源特色和高新技术发展的地方工业和非石油工业规模不断壮大。2012 年，地方工业完成增加值 900.53 亿元，占全区工业增加值的比重上升至 30.7%，经济实力稳步提升。非石油工业增加值 1417.83 亿元，占工业增加值的比重由 2009 年的 37.9% 上升至 50.6%，非石油工业比重首次超过石油工业，发展活力不断增强，石油工业一支独大的格局正在逐步改变。园区工业增加值 1368.26 亿元，比重上升至 46.7%；中小微型企业增加值 1063.11 亿元，比重上升至 36.3%。

优势工业产品产量大幅增长。原煤产量 1.36 亿吨，比 2009 年增长 54.9%；发电量 1188.26 亿千瓦时，增长 1.1 倍，发电量增速由全国第 7 位跃居全国首位；钢材 1289.84 万吨，增长 86.7%；水泥 4315.93 万吨，增长 1.1 倍；化肥（折纯）304.17 万吨，增长 91.2%；成品糖 53.64 万吨，增长 31.6%；变电器 6194.52 万千伏安，增长 1.4 倍；电解铝产量由 5.43 万吨提高到 97.07 万吨，增长 16.9 倍。

产业基地初步形成。煤炭深加工、化工、特色金属资源加工、装备制造业等产业发展提速，产业链条不断延伸，整体发展水平稳步提升，形成了一批产业基地。（1）国家大型油气生产加工基地：以中石油实施“新疆大庆”计划为契机，加快油气、炼化及石油石化下游产品精深加工、非常规油气资源开发利用。奎屯—独山子、克拉玛依、乌鲁木齐、库车等石化产业基地初步形成，油气当量居全国第二，原油加工量居全国前列。（2）大型煤炭煤化工基地：重点建设准东、伊犁、库（车）—拜（城）、和（布克赛尔）—克（拉玛依）、吐—哈等 5 大煤炭煤化工基地，煤制天然气等煤炭资源深加工项目也开始起步，呈现出广阔的发展前景。（3）电解铝生产基地：依托能源优势，新疆引进山东信发、东方希望、四川其亚等一批大企业，电解铝产业快速发展，初步形成全国重要的电解铝生产基地。(4) 盐化工基地：利用盐和无机盐等特色化工资源，以新疆中泰、新疆天业、宜化为代表，建成一批氯碱工业项目，聚氯乙烯产能居全国第一。国投新疆罗布泊300万吨钾肥、新疆硝石钾肥60万吨，硝酸钾（钠）项目正在抓紧，新疆钾肥产能居全国前列。(5) 钢铁工业基地：依托新疆资源，以八一钢铁为主体，吸引首钢、山东钢铁、新兴铸管等大企业入驻新疆，建成西北地区最大的钢铁基地。(6) 机械装备工业基地：以特变电工、金风科技、新能源等一批企业为龙头，输变电装备产业规模和技术全国领先，新能源装备、农牧机械等在全国具有一定优势，汽车工业初步形成产业集群。(7) 农副产品加工基地：形成了北疆以农产品与畜产品为主，南疆以特色林果产品为主的农副产品加工产业格局，番茄酱产量居全国第一，新疆将全面建成重要的绿色食品加工基地。(8) 纺织工业基地：建设以石河子和阿克苏为代表的纺织工业“两城七园一中心”，全区棉纺生产能力居西部前列，未来将建成国家优质棉纱、棉布等棉纺织品生产基地。(9) 电力工业基地：建成中电投乌苏热电等一批重点电源项目，截止到2012年年末，全区发电装机达2952万千瓦，增速居全国前列。区域内750千伏输电线路突破2000千米，新疆与西北电网750千伏输电线路建成，新疆与西北电网750千伏第二通道、哈密南—郑州±800千伏输电等工程即将建成，“疆电外送”通道基本形成。

3.1.2.2 现代农牧业产业化健康发展

近年来，新疆粮食、棉花、林果、畜牧、区域特色作物、设施农业六大产业整体水平得到提升，农业基地建设能力、科技支撑能力、加工转化能力和市场开拓能力持续提高。2010～2012年，新疆农业增速连续两年位居全国第一。2012年，农业总产值2275.67亿元，比2009年增长20.4%，年均增长6.4%；实现农业增加值1320.57亿元，比2009年增长19.1%，年均增长6.0%（如图3-5所示）。其中，2011年增长6.5%，2012年增长7.0%，增速连续两年位居全国首位，实现了改革开放以来首次两连冠。

农业产业化经营规模不断扩大，2012年年末全区农业产业化经营组织达到9300个，订单带动农户156万户，增长13.2%，农业产业化经营组织和农民专业合作社在农村经济发展中发挥了重要带动作用。

(1) 粮食。2012年，粮食播种面积3196.76万亩，比2009年增长1.8%；产量1273万吨，比2009年增长10.5%。粮食单产由385.3千克/亩提高到398.2千克/亩，人均粮食产量由537.1千克提高到573.2千克，高出全国平均水平136.7千克，粮食生产实现“区内平衡，略有节余”，生产安全得到了保障。

(2) 棉花。2012年，棉花播种面积2581.24万亩，比2009年增长22.1%；棉花总产量353.95万吨，比2009年增长40.2%，占全国棉花总产量的51.7%；

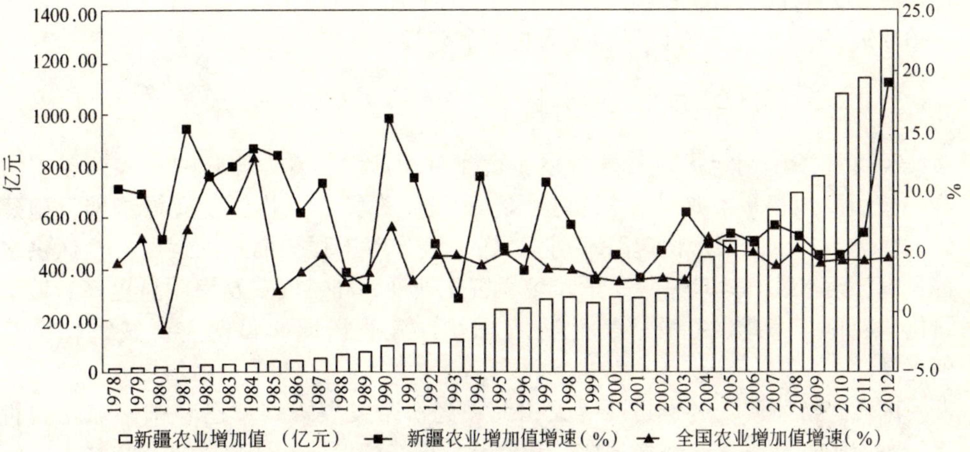

图 3-5 新疆及全国农业增加值增速情况（1978～2012 年）

单产 2052 千克/公顷，高出全国平均水平 41.0%，总产、单产连续 20 年居全国首位。

（3）特色林果业。2012 年，林果业（含果用瓜）种植总面积 1718.84 万亩，比 2009 年增长 22.6%；林果产品总产量 1222.10 万吨，比 2009 年增长 15.5%。其中，园林水果产量 736.75 万吨，比 2009 年增长 30.4%，新疆优质特色农产品已进入全国乃至中亚市场。上海、北京、广州、武汉四大新疆特色农产品交易会签约金额 350 多亿元。特色林果业成为农民增收、农村经济发展和农业结构调整的重要支柱产业。

（4）畜牧业。2012 年年末，牲畜存栏 4333.25 万头（只），比 2009 年增长 12.7%；牲畜出栏 3737.30 万头（只），比 2009 年增长 19.2%。肉类总产量 133.83 万吨，比 2009 年增长 16.1%。其中，羊肉产量 48 万吨，增长 9.7%；牛肉产量 36.20 万吨，增长 6.8%；猪肉产量 30.20 万吨，增长 37.1%。牛奶产量 132.20 万吨，比 2009 年增长 9.4%；禽蛋产量 25.90 万吨，比 2009 年增长 11.6%；水产品产量 12.53 万吨，比 2009 年增长 29.2%。畜牧业正在朝着集约化、规模化方向发展。

（5）农业现代化。2012 年，主要农作物综合机械化率 81%，农作物良种覆盖率 96%，建成高标准基本农田 220 万亩，农业高效节水面积 3000 多万亩，设施农产品面积 97 万亩，设施农产品产量 110 万吨。截至 2012 年年末，培育农业产业化经营组织 9300 个，拥有农产品加工企业 10724 家，实现工业总产值 1215.43 亿元，增加值 260.87 亿元，农产品加工增值率达到 50%。

（6）“三农”条件改善。2012 年，自治区财政用于农业与扶贫方面的投入 360.2 亿元，建成 27 座定居兴牧水利工程；7.8 万户边境农牧民生产生活条件改善；593万名种粮农民受益于粮食直补、农资综合补贴、农机购置、农作物良种补贴政策；近20万名农民受益于农村沼气建设。

3.1.2.3 新型城镇化进程加快

2012年新疆制定了自治区新型城镇化行动计划，着力构建“一核两轴多组群”城镇发展格局。加快城镇供排水、道路、燃气、供热、公交等基础设施建设。乌鲁木齐市田字形快速路一期、“煤改气”等工程全面投入运营。全区供水普及率、污水综合处理率、生活垃圾无害化处理率和燃气普及率明显提高。城镇绿化、硬化、净化、亮化、美化进程加快，人居环境明显改善，城镇化率达到44%。

区域经济协调发展推进。《天山北坡经济带发展规划》已经被国家正式批复，对南疆三地州、北疆高寒地区和边境县市经济发展支持力度进一步加大。编制完成《南疆三地州区域发展与扶贫攻坚规划》，将南疆三地州连片特困地区作为新阶段扶贫攻坚主战场，把和田市、喀什市、泽普县、麦盖提县、巴楚县纳入扶贫政策扶持范围，在资金、项目方面予以支持倾斜，为助推南疆三地州经济社会加快发展奠定了基础。截止到2012年年末，新疆城镇人口981.98万人，城镇化率44.0%，比2009年提高4.15个百分点。现有乌鲁木齐市、克拉玛依市2个地级市，22个县级市，263个镇。三年内新增北屯市、阿拉山口市、铁门关市3个县级市，30个镇。

2012年，城市空气质量达到国家Ⅱ级标准的城市有11个，比2009年增加1个。乌鲁木齐市实施“煤改气”工程后，首府乌鲁木齐市空气质量好于Ⅱ级标准的优良天数占79.8%，比2009年提高8.0个百分点。累计安装燃气锅炉710台、1.29万蒸吨，实现替代燃煤供热面积1.16亿平方米，改造后天然气供热占总供热面积的比重提高到76%，实现了“治理大气污染、还市民一片蓝天”的承诺，市民群众对“蓝天工程”满意率达96.9%。城镇供水普及率达到96.5%，比2009年提高0.6个百分点；污水处理率81.0%，比2009年提高8.9个百分点。其中，污水集中处理率77.1%，提高12.9个百分点；城市集中式饮用水水源地水质达标率87.2%，提高2.6个百分点。生活垃圾处理率84.0%，比2009年提高3.4个百分点，其中，生活垃圾无害化处理率60.8%，提高25.7个百分点；燃气普及率89.6%，提高6.6个百分点。城镇建成区绿化覆盖率33.4%。

2011年，乌鲁木齐市开始筹备“BRT大容量快速公交系统”建设项目，解决了冬季极寒气候条件下，市民公交出行保暖和行车安全问题，成为了我国城市地面公共交通的典范，获得住房城乡建设部评选的2012年中国人居环境范例奖。

3.1.3 第三产业平稳较快发展

中央新疆工作座谈会以来，新疆现代服务业得到有力推进，传统服务业较快提升，一个充满活力、就业容量大、社会功能强的现代服务业体系正在逐步形成。2012 年，新疆服务业增加值 2649 亿元，比 2009 年增长 43.3%，年均增长 12.8%（如图 3-6 所示），高出全国平均增速 3.7 个百分点。2010～2012 年，新疆第三产业增加值增速分别快于全国平均水平 1、5.8 和 5.2 个百分点，服务业产业结构不断优化，以旅游业、现代物流业、金融服务业、餐饮业等领域为重点的现代服务业加速推进，发展质量和水平稳步提升。

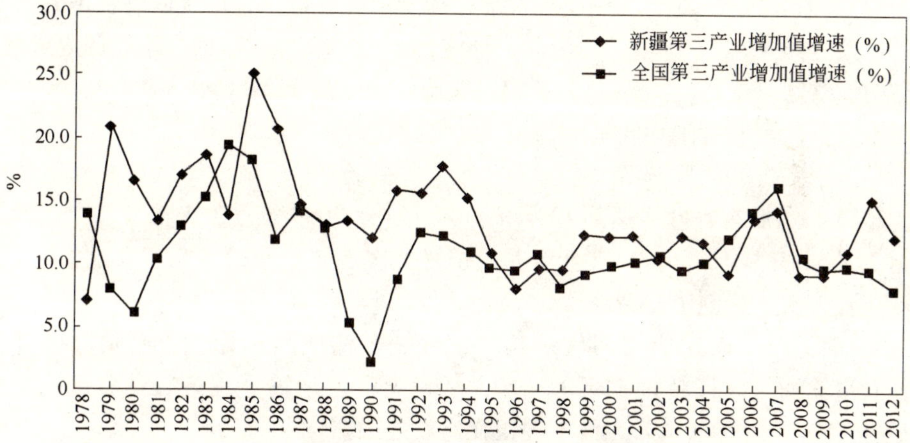

图 3-6 新疆及全国第三产业增加值增速情况（1978～2012 年）

（1）金融。2012 年年末，金融机构（含外资）人民币各项存款余额 12330.89 亿元，比 2009 年增长 80.0%，年均增长 21.7%；金融机构（含外资）人民币各项贷款余额 7914 亿元，比 2009 年增长 1.1 倍，年均增长 27.8%，贷款增速由全国第 15 位跃居第 2 位，存贷比由 55.3% 稳步提高到 64.2%，融资工具、融资渠道更加多元化，金融机构储蓄存款资金，更多地用于新疆地方经济建设需要。

（2）交通。铁路、公路、民航、管道立体布局的综合交通运输体系建设初见成效、大通道和枢纽建设、农村公路建设取得突破。

1）铁路。建设形成“四纵四横”铁路主骨架，铁路营业里程由 3837 千米增加到 4914 千米，增加了 1077 千米，增长 28.1%。兰新线电气化铁路总长 1634 千米，全线贯通，标志着新疆铁路开始步入电气化时代。2012 年，铁路客运量 2162.10 万人，比 2009 年增长 57.7%；货运量 6932.70 万吨，比 2009 年增长 8.1%。

2）公路。公路在新疆多种运输方式中发挥着基础和主导作用。公路通车里程 16.59 万千米，比 2009 年增长 10.1%。其中，二级及以上高等级公路通车里程 1.59 万千米，建成奎屯-克拉玛依等 4 条高速公路，高速公路里程 2277 千米，比2009年增长60.4%，农村公路总里程13.65万千米（含专用公路）。2012年，公路客运量5.25亿人，比2009年增长26.1%；货运量6.19亿吨，比2009年增长32.2%。

2012年末，民用汽车保有量211.07万辆（包括三轮车和低速货车），比2009年增长90.8%，其中，私人汽车147.46万辆，增长1.3倍，节假日举家出行旅游成为一种时尚。

3）民航。拥有16个民用航空机场，居全国各省首位，形成以乌鲁木齐为中心，连接国内54个大中城市、国际及港澳台27个城市，“东西成扇、疆内成网”的空中航线网络格局。2012年，新疆民航旅客吞吐量1727.6万人次，比2009年增长1.1倍；民航货邮吞吐量14.3万吨，比2009年增长70%。

乌鲁木齐机场的增速跃居全国千万级大型机场首位，确立了西部枢纽机场地位。2012年，旅客吞吐量达到1334.7万人次，比2009年增加1倍，在全国的位次由21位上升至15位。2012年5月，单月旅客吞吐量突破100万人次，8月突破150万人次，连创历史新高。

4）管道。全面建成“西气东输”二线、东输成品油原油、中哈原油等管道，管道输油气里程超过11000千米，是我国管道运输里程最长的省区，全长5220千米的“西气东输”三线工程正在建设之中。

（3）电信。2012年，新疆电信业务总量比上年增长16.0%，增速跃居全国第4位；电信业务收入比上年增长16.0%，居全国第3位。截至2012年年末，全区移动电话用户达到2008.50万户，比2009年增长79.4%；移动电话普及率每百人90.9部，比2009年增加38.3部；国际互联网宽带用户255万户，比2009年增长90.7%。

（4）旅游。国际、国内旅游业双双出现井喷行情。2012年，共接待国内外游客4860.80万人次，比2009年增长1.3倍；旅游总收入576亿元，比2009年增长2.1倍。其中，接待入境游客149.80万人次，比2009年增长3.2倍；旅游外汇收入5.51亿美元，比2009年增长3.0倍。口岸游占国际旅游总人数的半数以上，入境游客逾万人次。

接待国内游客4711万人次，比2009年增长1.2倍；国内旅游收入542亿元，比2009年增长2.0倍。根据胡润研究院发布的2013年“中国千万富豪品牌倾向报告”，在最受青睐的国内旅游目的地排名榜中，新疆由第13位跃居第6位。

建成国家A级旅游景区223家，其中五A级景区5家，4A级景区13家。2012年12月，中国规模最大的综合性旅游企业集团之一、全球酒店集团300强中排名第9位的上海锦江国际酒店（集团）股份有限公司正式入驻乌鲁木齐。至此，国内三大经济型酒店巨头——如家快捷、汉庭快捷、7天连锁已齐聚新疆，预示着新疆旅游业发展的美好未来。

（5）房地产。2012年，房地产开发投资606.09亿元，比2009年增长1.6倍，年均增长37.0%。由于近两年国家实施严格的房地产调控政策，商品房销售市场观望情绪浓厚，商品房销售面积1430.31万平方米，比2009年仅增长7.7%；销售额560.45亿元，比2009年增长59.7%。

3.1.4 民生工程成效明显，凸显新疆效率

民生改善的最大亮点是自2011年以来启动的“民生建设年”活动，2011年确定的22类80项、2012年确定的25类90项重点民生工程已全部完成。

（1）民生支出。财政对改善民生的投入力度进一步加大。2012年，公共财政预算支出2720.06亿元，比2009年增长1倍，年均增长26.3%。公共财政预算支出相当于GDP的比例由31.5%提高到36.1%。近三年，财政用于民生建设的支出累计达到4830亿元，年均增加396亿元，年均增长29.2%，高出公共财政预算支出平均增幅2.9个百分点，占公共财政预算支出的比重分别为70%、73%、72.6%。

（2）民生工程。2011年、2012年，新疆民生类工程投资分别为1009.08亿元、1381.79亿元，分别增长53.9%、41%。累计建设61.48万户安居富民房、66万套城镇保障性住房，已竣工安居富民房质量全部合格，经受住了2012年和2013年年初伊犁州三次6级以上地震考验。全区8.88万户棚户区居民居住条件改善；7.64万户城市低收入家庭享受到50平方米廉租住房，2.1万户中低收入家庭、外来务工人员和新就业职工享受到公共租赁房。自治区安居富民工程连续两年绩效考评全国第一。

（3）劳动就业。全区三年共有458万人次享受各项就业扶持政策，累计城镇新增就业156.7万人，城镇登记失业率下降至3.4%，比2009年下降0.4个百分点。累计解决24.84万名大中专毕业生就业，其中，应届高校毕业生17.34万名，就业率由83.4%提高到88.5%，提高5.1个百分点，7.5万名2009年前实名登记未就业高校毕业生基本实现就业。截至目前，已累计消除城镇零就业家庭4.3万户，2012年新消除零就业家庭户数2.5万户。累计转移农村富余劳动力740万人（次），实现劳务创收296亿元。

（4）创业与就业培训。截至2012年年末，共建立创建国家级创业型县（市）3个，创建自治区级创业型县（市）18个。建成67个创业园区、72个创业孵化基地，4.5万人实现创业。2012年新增发放小额担保贷款15.69万人，贷款金额50.34亿元，带动就业19.87万人，创历史最好水平。三年来，全区共有360.8万人（次）参加各类职业培训。

（5）社会保障。新疆始终把社会保障作为民生之本，大力实施社会保障提升工程，统筹城乡、覆盖全民的社会保险体系基本建立，实现了老有所养，病有

所医，贫有所助。2012年，全区94个县（市）全部启动城镇居民社会养老保险。92个涉农县（市）全部纳入新农保实施范围，比2009年增加3个县市，比全国提前1年实现统筹城乡社会保险制度全覆盖。新农合参合率99.7%，居全国前列。

1）社保基金。截至2012年，全区各项社会保险参保人数2122.9万人次，比2009年增加841万人次，增长65.6%。社会保险基金收入455亿元，支出318.6亿元，累计结余725.8亿元，社会基金运转状况良好，为应对人口老龄化、解决历史遗留问题以及社会保险制度可持续发展奠定了良好基础。

2）养老保险。社保覆盖面迅速扩大，受益人群日益广泛。截至2012年年末，全区城镇职工基本养老保险参保人数312.16万人，新型农村社会养老保险参保人数497.09万人，城镇居民社会养老保险参保人数31.62万人。将26.5万名未参保集体企业退休人员纳入养老保险社会统筹。

自2010年起，连续4年调整企业退休人员基本养老金。按照每人每月120元的标准为企业离退休人员实施冬季采暖费补贴，为1995年底前退休企业参保人员按照每人每月120元的标准发放生活补贴。

3）医疗保险。城镇居民基本医疗保险补助标准由2010年的160元提高到2012年的250元，2013年继续提高至290元。职工医保、居民医保最高支付限额分别提高到职工年平均工资、居民年人均可支配收入的6倍以上。职工医保政策范围内住院费用支付比例达到75%以上，居民医保门诊统筹在14个地州市普遍建立。14.2万名国有关闭破产企业退休人员全部纳入城镇基本医疗保险统筹管理。新农合人均筹资标准从2009年的114.90元提高到2012年的320.33元，最高支付限额提高至6.37万元。2013年，这两项指标仍将继续大幅提高。

4）失业保险。连续3年调整失业保险金标准，2012年月平均失业保险金标准为543元。

5）工伤保险。连续8年调整工伤保险待遇，2012年月平均伤残津贴达到2075元，基本满足了工伤职工的生活需要。1.6万名国有企业“老工伤”人员纳入工伤保险统筹管理。

6）城乡低保。截止到2012年年末，全区共有城市低保对象36.6万户、85万人；农村低保对象56万户、135.45万人。自2010年起，城乡居民低保补助标准逐年上调，目前，城市低保收入平均标准为291元/(人·月)，每月人均补助水平为247元（含一次性生活补贴）；农村低保平均标准136.5元/(人·月)，每月人均补助水平113元（含一次性生活补贴）。

7）死亡抚恤。企业参保人员死亡抚恤待遇提高至一次性享受本人20个月养老金。

（6）物价管理。始终把稳控物价作为宏观调控的重要内容和重大民生工程，多管齐下、综合施策，全区居民消费价格涨幅总体平稳。2010～2012年，居民消费价格指数分别上涨4.3%、5.9%和3.8%，基本控制在预期目标内。一是完善鲜活农副产品运输和“绿色通道”优惠政策，减少流通环节成本费用；二是首府乌鲁木齐450家社区蔬菜副食品直销店、重大节假日投放平价牛羊肉等政策，对平抑市场物价，提供日常生活保障起到了积极作用；三是实施社会救助和保障标准与物价上涨联动机制，全疆近230万低收入困难群体享受价格补贴8亿多元，确保了城乡困难群众不因物价上涨而影响基本生活。

自2011年以来，新疆通过“民生建设年”活动，全面推进了重点民生工程建设。财政对改善民生投入力度也进一步加大，在教育、卫生、文化、体育、新闻出版、广播电视、就业和社会保障等领域，支持建设各类项目上万个，基本公共服务水平进一步提高，大力推进就业和社会保障，加快社会事业发展，投入之大、受益面之广前所未有。

3.1.5 经济发展主要动力——投资快速增长

长期以来，固定资产投资始终是拉动新疆经济增长的主要动力，特别是进入新世纪以来，新疆迎来了加快发展的新时期、新阶段，固定资产投资也显现出逐年快速增长的新高潮，有力地促进了新疆经济社会的快速发展。2000～2009年，新疆投资增速虽逐年提高，但总体仍低于全国和西部投资增速。1999年其投资开始步入上升通道，2010年开始加速上行，2010～2012年，全社会固定资产投资分别增长25.2%、33.1%、35.1%（见表3-3），增速分别位居全国第18位、第2位，第1位，西部第8位、第2位、第1位。固定资产投资已成为拉动新疆经济增长的重要动力，对促进新疆经济社会发展发挥着十分重要的作用。

表3-3 新疆全社会固定资产投资总量及增速情况（2000～2012年）

年份	新疆		全国		西部	
	投资额(亿元)	同比增速(%)	投资额(亿元)	同比增速(%)	投资额(亿元)	同比增速(%)
2000	610	14.2	32918	—	6111	—
2001	706	15.7	37213	13.0	7159	17.2
2002	813	15.2	43500	16.9	8515	19.0
2003	1002	23.3	55567	27.7	10844	27.3
2004	1162	15.9	70477	26.8	13754	26.8
2005	1352	16.4	88774	26.0	17645	28.3
2006	1567	15.9	109998	23.9	21997	24.7
2007	1851	18.1	137324	24.8	28251	28.4
2008	2260	22.1	172828	25.9	35949	27.2

续表 3-3

年份	新疆		全国		西部	
	投资额(亿元)	同比增速(%)	投资额(亿元)	同比增速(%)	投资额(亿元)	同比增速(%)
2009	2827	25.1	224599	30.0	49686	38.2
2010	3540	25.2	278122	23.8	61892	24.6
2011	4713	33.1	311485	23.8	72104	28.7
2012	6258	35.1	374676	20.3	88749	23.1

数据来源:《新疆统计年鉴》、《中国统计年鉴》、《国家及新疆统计公报》。

自中央新疆工作座谈会召开以来，2010 年新疆扭转了 2002 年以来投资增速持续低于全国及西部地区的局面，全年投资高于同年全国 1.4 个百分点，高于西部地区 0.6 个百分点。2011 年，新疆投资增速高于全国 9.3 个百分点，高于西部地区 4.4 个百分点。2012 年，新疆全社会固定资产投资 6258.38 亿元，是 2009 年的 2.2 倍（如图 3-7 所示），其中，城镇固定资产投资增长 35.0%，增速与贵州省并列，居全国第 1 位，并创 1993 年以来新高。

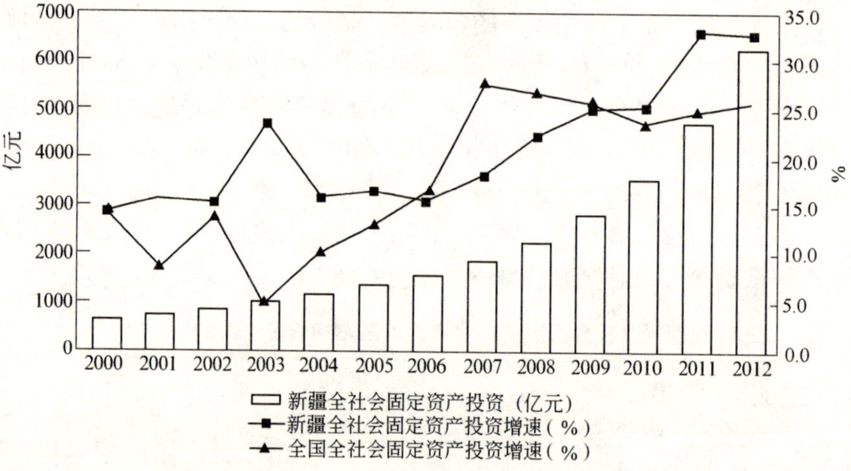

图 3-7 新疆及全国固定资产投资增长情况（2000～2012 年）

2000 年以来，新疆三次产业全社会固定资产投资额呈快速增长态势。"十一五"时期，新疆第一产业投资累计完成 815.38 亿元，比"十五"时期增长 56.1%，年均增长 10.3%；第二产业投资累计完成 5758.1 亿元，比"十五"时期增长 1.9 倍，年均增长 25.1%；第三产业投资累计完成 5471.8 亿元，比"十五"时期增长 1.1 倍，年均增长 19.4%。2011 年，第一产业投资累计完成 237.8 亿元，比"十一五"末增长 12.2%；第二产业累计完成投资 2465.3 亿元，比"十一五"末增长 49.6%；第三产业累计完成投资 2009.6 亿元，比"十一五"

末增长21%。

2000～2011年，前五年新疆第一产业投资比重总体上升较快，从2000年6.0%上升为2004年的10.9%；后七年新疆第一产业投资比重逐年下降，从2005年的9.6%下降为2011年5.0%（见表3-4）。第一产业投资增长速度波动较大，2003年投资增长速度为67.6%，2006年投资增长速度为1.8%，2010年投资增长速度为23%；第二产业、第三产业投资比重较大，投资增长较快，2011年第二产业投资占52.3%，比上年增长49.6%，第三产业投资比重为42.6%，比上年增长21.0%。固定资产投资的三次产业结构比例由“十五”期末的9.3：38.8：51.9调整为“十一五”期末的6.8：47.6：45.6，到2011年调整为5.0：49.6：42.6。

表3-4 2000～2012年新疆三次产业固定资产投资情况

年份	第一产业投资			第二产业投资			第三产业投资		
	投资额(亿元)	增速(%)	比重(%)	投资额(亿元)	增速(%)	比重(%)	投资额(亿元)	增速(%)	比重(%)
2000	36.8		6.0	254.1		41.6	274.3		44.9
2001	59.3	61.1	8.4	276.5	8.8	39.2	370.2	35.0	52.4
2002	63.2	6.6	7.8	311.8	12.8	38.4	438.0	18.3	53.9
2003	105.9	67.6	10.6	358.9	15.1	35.8	533.2	21.7	53.2
2004	127.0	19.9	10.9	450.9	25.6	38.8	583.6	9.5	50.2
2005	130.1	2.4	9.6	538.6	19.4	39.8	683.6	17.1	50.6
2006	132.4	1.8	8.4	700.5	30.1	44.7	734.1	7.4	46.8
2007	147.6	11.5	8.0	953.1	36.1	51.5	750.0	2.2	40.5
2008	151.1	2.4	6.7	1142.2	19.8	50.5	966.7	28.9	42.8
2009	172.5	14.2	6.1	1288.5	12.8	45.8	1366.2	41.3	48.1
2010	212	23	6	1648.3	27.3	47.1	1678.8	22.9	46.9
2011	237.8	12.2	5	2465.3	49.6	52.3	2009.6	19.7	42.6
2012	294.0	23.6	4.7	3360	36.3	53.7	2604.4	29.6	41.6

数据来源：《新疆统计年鉴2013》。

近年来，新疆重点骨干项目建设也取得了显著成效，截至2012年，自治区基本完成塔里木河流域近期综合治理、13个大型灌区和3个重点中型灌区续建配套与节水改造等项目，全区地方新增高效节水灌溉面积380万亩。建成奎屯-克拉玛依等4条高速公路，全区高速公路通车总里程达到2514千米，新疆高速大通道公路网主骨架初步形成。建成兰新线红柳河—乌西段电气化改造等6个铁路项目，新增营运里程435千米。全面建成“西气东输”二线、东输成品油原油、中哈原油等管道。“疆电外送”步伐加快，新疆与西北联网750千伏第一通道工程已外送电量63.5亿千瓦时；第二通道主体工程提前竣工，预计整个工程将于2013年上半年完工；哈密—郑州±800千伏特高压直流输电工程加快建设。全面启动疆内750千伏电网建设，已建成以乌鲁木齐为中心，西至伊犁，东至哈密，南至巴州的Y字形750千伏主干网架。

3.1.6 消费需求较快增长，零售额增速超过全国平均水平

2012年，新疆社会消费品零售总额1798.99亿元，比2009年增长52.8%，年均增长15.2%，年均新增社会消费品零售额200亿元以上，2011年、2012年，增速分别高出全国平均水平0.5、1.2个百分点（如图3-8所示），改变了新疆社会消费品零售总额增速长期低于全国平均水平的落后局面。

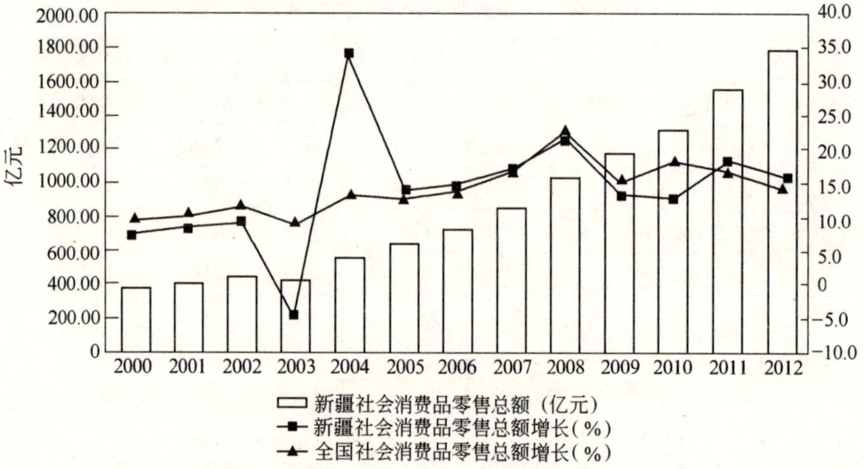

图3-8 新疆及全国社会消费品零售总额增长情况（2000～2012年）

近年来，新疆市场消费环境进一步优化，培育新的消费热点，促进了消费结构升级，实施了家电汽车下乡、以旧换新、节能家电补贴、重要节假日免收小客车高速公路通行费等一系列刺激消费政策。加强粮油储备库、肉类果蔬冷链物流等城乡流通网络和服务设施建设，做好农产品直销工作，畅通农产品流通渠道，有效释放城乡居民消费潜力。实施一系列扩大就业、完善社会保障、增加居民收入的措施，增强居民消费能力，促进消费市场持续活跃。

3.1.7 对外贸易增速企稳回升，对外开放力度不断加大

近年来，新疆全面推进“外引内联、东联西出、西来东去”的开放战略，对外开放取得新突破。国家把新疆向西开放作为全国全方位开放战略的重要组成部分，纳入了国家“十二五”规划。喀什、霍尔果斯两个特殊经济开发区前期

工作全面启动。“亚欧博览会”成为新疆历史上规模最大、效益最好的盛会。与内地经济技术合作的领域和规模进一步扩大，大企业集团积极参与新疆大开发、大建设，一大批优势资源项目启动建设。加强口岸建设，努力扩大同周边国家的经贸合作，开展人民币跨境结算试点，对外贸易回升向好。

喀什、霍尔果斯经济开发区建设全面展开，截至2012年，三一重工机械与零部件再造等一批规模企业相继入驻喀什园区。霍尔果斯经济开发区中哈霍尔果斯国际边境合作中心正式封关运营，商品展示、金融服务等领域的15个重点项目入驻中心。外商直接投资较快增长，园区产业聚集效应初显成效。

新疆克服全球经济复苏乏力、外需市场疲软、地缘政治等诸多不利影响，促进对外贸易平稳发展。2010年，新疆对外贸易增速企稳回升，当年进出口总额增长23.9%；2011年，新疆进出口总额增长33.2%，增速超过全国16.0个百分点；2012年，进出口总额达到251.71亿美元，居全国第19位，西部第4位，增长10.3%，高出全国平均增速4.1个百分点（如图3-9所示）。

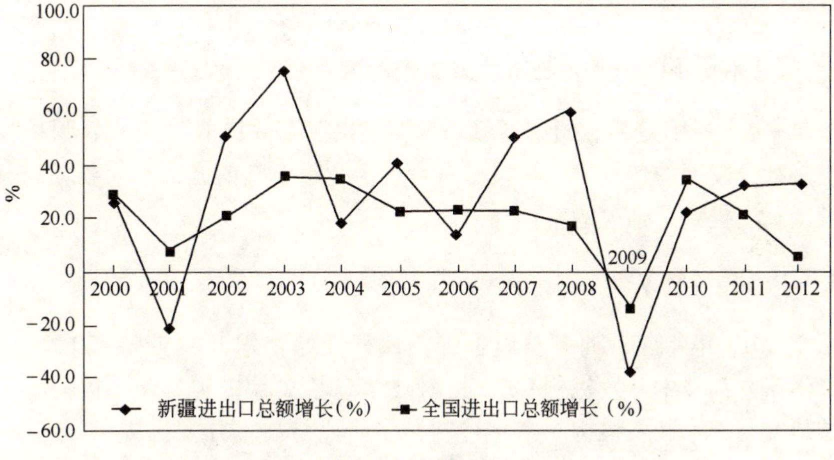

图3-9 新疆及全国进出口总额增长情况（2000~2012年）

3.1.8 改革深入推进，机制体制创新步伐加快

农村改革稳步推进，博乐市、和硕县、玛纳斯县作为全国农村土地承包经营权登记试点县市，已登记农户2.5万户、登记土地面积71.7万亩。启动国有农林牧场分离办社会职能试点工作。库尔勒市统筹城乡综合配套改革试点工作取得阶段性成效。国有企业改革不断深化，全区国有企业改制达到90%以上，新疆建工集团、化工集团等一批重点企业完成改制重组，建立了现代企业制度。市场配置矿产资源取得重大突破，挂牌出让三塘湖煤田3个区块探矿权，成交价达320亿元，在积极探索资源效益最大化、资源开发惠及各族人民群众的改革思路

方面迈出新步伐。成立中石化塔河炼化、新疆路油石化有限责任公司，开创了地方参股央企、地方和央企合作的新模式。行政管理体制改革不断推进，绩效考核范围由自治区机关的42个部门扩大到50个，试点地区延伸到4个地州和乌鲁木齐市的12个联系点单位。行政审批工作纳入自治区政府绩效考评指标体系，国务院确定的八个重点领域信息公开工作稳步展开。事业单位人事制度改革稳步推进、快速展开，走在全国事业单位改革前列，96%的事业单位推行了聘用制。大力支持非公经济加快发展，新疆广汇实业股份有限公司承建的红柳河至淖毛湖铁路作为样板工程在全国率先宣传和推广；民间资本参与建设的淖毛湖至三塘湖、巴伦台至伊尔根等地方铁路前期工作全面展开。编制完成了《自治区"十二五"期间深化医药卫生体制改革实施方案》，医改各项任务目标取得阶段性成效。城镇基本医疗保险参保人数629.2万人，参保率为95%；农村合作医疗人数1078.3万人，参合率为99.7%。基本药物制度药品零差率销售金额9.66亿元，给患者让利1.45亿元。城市公立医院改革试点稳步推进，确定12所县级公立医院为改革试点医院。

3.1.9 社会事业不断完善，基本公共服务不断健全

三年来，"爱国爱疆、团结奉献、勤劳互助、开放进取"的"新疆精神"渗透到经济社会发展的各方面，科技、教育、文化事业空前繁荣，为新疆跨越式发展和长治久安提供了强大的精神动力。

3.1.9.1 科技事业

截至2012年年底，拥有县以上部门属研究与技术开发机构123个，其中，自然科学研究与技术开发机构98个；科技信息与文献机构8个；社会与人文科学领域研究与技术开发机构6个；转制科学研究与技术开发机构11个。自治区科技成果转化基地54个，重点实验室33个。工程技术研究中心92家，其中，挂牌成立的工程技术研究中心19家（国家级4家），组建期内工程技术研究中心73家。围绕"创新型新疆"建设，加快推进科技创新和成果转化。乌鲁木齐、昌吉国家创新型试点城市加快建设，启动创新型县（市）区试点工作。

2012年，受理专利申请7044项，其中，受理发明专利申请1679项，均比2009年增长1.5倍。获得专利授权3440项，增长84.3%，其中，获得发明专利授权451项，比2009年增长2.8倍；取得省级以上科技成果236项，比2009年增长42.2%。

3.1.9.2 教育事业

教育基础建设不断增强，农村初中校舍改造工程、中等职业教育能力建设、

民汉合校普通高中等项目加快推进，各级各类教育基础设施和办学条件显著改善。截止到 2012 年年末，全区共有各级各类学校 8999 所，比 2009 年增长 15.9%。其中，普通高等学校 34 所，比 2009 年增加 2 所，增长 6.3%；幼儿园 3710 所，增长 64.5%。

全区各级各类学校教职工 37.52 万人，比 2009 年增长 6.4%，其中，专任教师 31.34 万人，增长 8.3%。在校生 457.37 万人，增长 3.0%，其中，在校研究生 1.55 万人，增长 32.8%；本专科在校生 26.87 万人，增长 11.2%；各类中等职业教育在校生 23.53 万人，增长 8.2%；普通高中在校生 44.07 万人，增长 5.7%；初中在校生 94.32 万人，下降 8.2%；小学在校生 190.08 万人，下降 3.7%；在幼儿园 69.43 万人，增长 41.5%。

"两基"成果巩固提高，义务教育更加均衡发展。小学学龄儿童净入学率 99.8%，比 2009 年提高 0.4 个百分点；初中阶段适龄少年净入学率 97.7%，提高 2.1 个百分点，初中毕业升入高中阶段升学率 84.7%，提高 11.1 个百分点。中等职业教育占高中阶段比例 40.4%，高中阶段教育毛入学率 74%，推进实施《高等教育发展规划（2011—2020 年）》，高等教育体系不断完善。

截至 2012 年年底，新疆在全国 44 个城市的 85 所学校办有内高班，比 2009 年增加 5 个城市、19 所学校；在 12 个城市的 24 所学校办有内初班，比 2009 年增加 4 个城市、5 所学校。其中，内高班在校生 2.7 万人，内初班在校生 1.86 万人。

全区学前和中小学（含职业高中）少数民族"双语"班和民考汉学生达 167.86 万人，占学前和中小学少数民族在校学生的 66.6%。中小学"双语"教育岗位教师 6.27 万人，其中，少数民族"双语"教师 5.6 万人，占总人数的 89.3%。

农村和 50% 的城市中小学生共计 235 万人领到免费教科书；64.7 万名城市义务教育阶段学生免除学杂费；2.08 万名师范类专业学生免除学费、教材费和住宿费；近 29 万名家庭经济困难的大中专学生得到国家奖助学金补助；南疆三地州 82 万名和纳入自治区首批试点的 7.72 万名农村中小学生享受营养膳食补助；36 万农牧民幼儿享受伙食补助、公用经费和幼儿读本费；近 38 万名农村家庭困难寄宿生享受生活补助；内高班、内初班学员均享受学费和生活费补助；3175 名学前"双语"教师得到生活和社保补助。

3.1.9.3 文化工程

加强重大文化项目建设，提高文化惠民力度。不断完善文化市场体系，文化产业主体不断壮大。2012 年末，共有艺术表演团体 109 个，文化馆 108 个，公共图书馆 102 个，博物馆 73 个，国家综合档案馆 109 个。组建了一批功能较为齐全、设施配套的乡镇综合文化站、文化室和“农家书屋”。各级图书馆、博物馆、文化馆（站）、文化站、“农家书屋”均实现免费开放。“东风工程”出版物免费赠阅活动覆盖全区所有乡镇、街道、社区和行政村。

“村村通、户户通、大喇叭、农村电影放映、东风工程、农家书屋”等文化工程在巩固和加强基层宣传文化阵地、维护意识形态安全、促进经济社会发展等方面发挥了积极作用。为农村家庭安装直播卫星机顶盒，为自然村安装大喇叭，解决了农牧民收听、收看广播电视节目难的问题，提高了广播和电视覆盖水平。广播综合人口覆盖率95.34%，比2009年提高0.9个百分点；电视综合人口覆盖率95.62%，提高0.8个百分点。广播电视农村直播卫星用户达到121.51万户，有线电视用户216.81万户，比2009年增长19.8%。其中，有线数字电视用户200.28万户，增长94.5%。译制少数民族语故事片256部，比2009年增长1.2倍。西新工程四期二阶段15座实验台已有11座建成使用。全面完成6844个20户以下自然村和新通电20户以上自然村及新通电行政村的广播电视“村村通”工程，惠及农牧区15.7万户。全面完成南疆三地州广播电视基础设施更新改造项目，三地州4151个行政村（社区）文化室建设稳步推进。加快实施抢救性文物保护设施、国家文化和自然遗产地保护设施等项目建设。

3.1.9.4 环境保护

坚持“环保优先、生态立区”的发展理念，坚持走“资源开发可持续、生态环境可持续”的发展道路，加快构建生态安全屏障，确保“山川秀美、绿洲常在”。

（1）生态治理。实施塔里木河流域综合治理、南疆生态修复示范工程、艾比湖流域生态保护工程，叶尔羌河等多条河流水土流失治理，累计完成水土流失治理面积465.46千公顷，完成灌溉面积431.171万公顷，高效节水灌溉面积147.327万公顷。绿洲森林覆盖率由15%提高到23.5%，森林覆盖率由4.02%提高到4.24%。重点沙化治理区生态状况得到明显改善，初步构筑起了相对稳定的绿洲生态安全体系，抵御自然灾害的能力也得到显著提高。

（2）河流水质。在监测的河流断面中，Ⅰ～Ⅲ类优良水质断面比例为94.7%，比2009年提高6.4个百分点；Ⅳ～Ⅴ类轻中度污染水质断面比例为3.0%，比2009年下降3.5个百分点；劣Ⅴ类重度污染水质断面比例为2.3%，比2009年下降2.9个百分点。

（3）湖库水质。在监测的湖库中，Ⅰ～Ⅲ类优良水质湖库占71.9%，比2009年提高28.6个百分点；Ⅳ～Ⅴ类轻中度污染水质湖库占6.2%，比2009年下降17.1个百分点；劣Ⅴ类重度污染水质湖库占21.9%，比2009年下降11.5个百分点。

3.1.9.5 公共卫生服务

公共卫生服务均等化进一步加强。医疗卫生服务体系建设得到切实加强，地市级医院、儿童医疗服务体系、全科医生临床培养基地、重大疾病预防控制体系、农村急救体系、食品安全风险监测体系、基层医疗卫生服务体系建设投入力度不断加大，各类医疗卫生机构服务条件得到明显改善。7 类重大公共卫生服务项目和 10 类 41 项基本公共卫生服务项目全面开展，均等化程度进一步提高。

3.1.9.6 流动人口服务管理

流动人口服务管理工作水平不断提升，基层计划生育服务体系建设取得新进展，计划生育利益导向机制和奖励优惠政策不断完善。2012 年末，全区总人口 2232.78 万人，人口自然增长率 10.84‰。体育事业和体育产业也加快发展，实施建设县级全民健身活动中心 13 项、乡镇农民体育健身工程 16 项、行政村农牧民体育健身工程 1093 项。青少年体育工作蓬勃发展，体育产业发展势头迅猛。

3.2 新一轮对口援疆以来新疆贫困地区发展现状

3.2.1 新疆贫困地区经济社会发展现状及存在问题

自中央新疆工作座谈会、自治区第八次党代会和自治区八届四次、六次全委（扩大）会议召开以来，新疆贫困地区总体呈现出社会大局持续稳定、社会经济快速发展、民生显著改善的大好局面。尤其是南疆三地州，长期以来，党中央、国务院对南疆三地州的发展与稳定高度重视，出台了一系列优惠政策和扶持措施，极大地促进了南疆三地州的发展。自 2012 年实施《南疆三地州连片特困地区区域发展与扶贫攻坚规划》以来，三地州以“区域带动、产业支撑、强化基础、开放创新”的工作方针为南疆三地州跨越式发展和长治久安奠定了坚实基础。

但由于自然、历史、地理、区位、社会、人文等多方面原因，南疆三地州经济社会发展仍相对缓慢和滞后，成为实现新疆乃至全国区域协调发展的“短腿”和“瓶颈”。南疆三地州是新疆扶贫对象最多、贫困发生率最高、贫困程度最深、扶贫工作难度最大的集中连片特殊困难地区，是国家新十年扶贫纲要确定的全国 14 个集中连片特殊困难地区之一，是我国新一轮扶贫攻坚主战场之一。南疆三地州与我国其他 13 个集中连片特殊困难地区相比，在自然、地理、人文、经济、社会、区位等各方面都具有其特殊性和复杂性。从南疆三地州在全国和新疆的重要战略地位来看，大力推进南疆三地州经济社会发展，关系到“稳疆兴疆、富民固边”战略的实施和新疆跨越式发展以及长治久安任务的完成，对维护民族团结，巩固边防，确保新疆经济社会发展、政治大局稳定，实现全面建成小康社会目标具有重大的现实意义和深远的历史意义。

专栏：南疆三地州

南疆三地州系指克孜勒苏柯尔克孜自治州（简称克州）、和田地区和喀什地区，位于塔克拉玛干沙漠西南缘，包括辖区内24个县市，以及新疆生产建设兵团农三师、农十四师各农牧团场，国土总面积45.92万平方千米。2010年末，总人口651.93万人（第六次人口普查数），其中农业人口占71.5%。周边与印度、巴基斯坦、阿富汗、吉尔吉斯斯坦等五国接壤，是我国面向中亚、南亚开放的重要门户，在全疆发展稳定大局中具有十分重要的战略地位。但南疆三地州自然条件恶劣，长期以来，基础设施建设投入不足，经济社会发展滞后，人民生活水平与全国甚至全疆平均水平相比还有很大的差距，是我国少数民族贫困人口最多、面积最大的集中连片边境贫困地区。南疆三地州下辖24个县（市），其中：和田地区辖7县1市；喀什地区辖11县1市；克孜勒苏柯尔克孜自治州辖3县1市。2012年末，总人口683.53万人（占全疆总人口的30.6%），其中农业人口535.43万人、占78.3%，少数民族人口643.39万人、占94.1%。所辖24个县（市），19个为国家扶贫重点县（市），5个为扶贫重点比照县，至2012年末，农村扶贫对象231.5万人（按照年均纯收入2300元以下农村扶贫标准），占南疆三地州农村人口的42.8%，占全疆扶贫对象人口的83.2%。

3.2.1.1 经济社会发展现状

A 综合经济实力明显增强，经济社会发展势头良好

自中央新疆工作座谈会后，南疆三地州生产总值快速增长，由2010年的502.34亿元增长到2012年的725.47亿元（见图3-10、图3-11、表3-5～表3-7），其中2012年增长21.9%，高于全区水平11个百分点。2010～2012年，南疆三地州地区生产总值占新疆生产总值比重由9.2%上升至9.6%，经济总量明显提高。2010～2012年，南疆三地州地方财政一般预算收入由29.2亿元增加为56.2亿元，平均增长38.6%，每年增速均快于全疆平均水平，占全区地方财政一般预

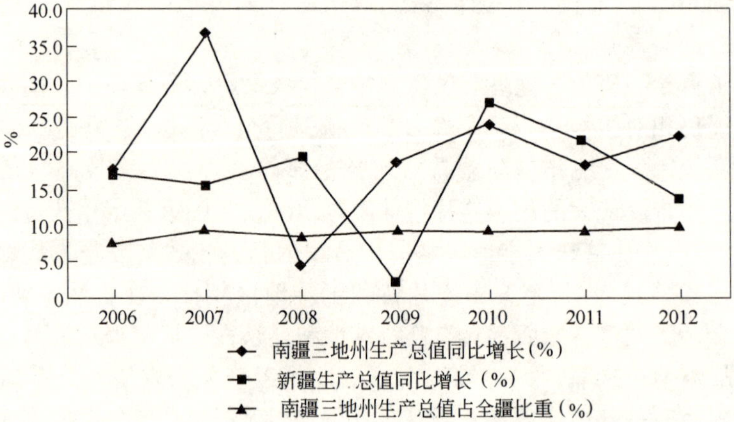

图3-10 2006～2012年南疆三地州生产总值增长情况

算收入比重由5.8%提高到6.2%，经济社会发展势头良好。

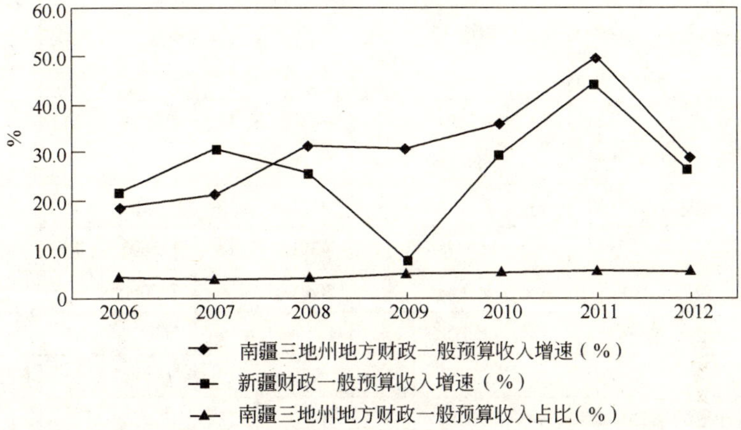

图3-11　2006～2012年南疆三地州及新疆地方财政一般预算收入情况

表3-5　2005～2012年南疆三地州及新疆生产总值情况

年份＼地区	克孜勒苏柯尔克孜自治州(亿元)	喀什地区(亿元)	和田地区(亿元)	南疆三地州生产总值合计(亿元)	南疆三地州生产总值同比增长(%)	全区生产总值(亿元)	全区生产总值同比增长(%)	南疆三地州生产总值占全区比重(%)
2005	17.47	136.00	48.78	202.26	—	2604.14	—	7.8
2006	19.71	164.00	55.34	239.06	18.2	3045.26	16.9	7.9
2007	23.71	239.16	63.70	326.57	36.6	3523.16	15.7	9.3
2008	27.68	238.57	74.52	340.77	4.3	4183.21	18.7	8.1
2009	32.46	284.24	88.58	405.28	18.9	4277.05	2.2	9.5
2010	38.88	359.97	103.50	502.34	24.0	5437.47	27.1	9.2
2011	48.03	420.15	126.99	595.17	18.5	6610.05	21.6	9.0
2012	61.41	517.00	145.44	725.47	21.9	7530.32	13.9	9.6

数据来源：《新疆统计年鉴》、《新疆统计公报》、《喀什地区统计公报》。

表3-6　2005～2012年南疆三地州分地区生产总值基本状况

年份＼地区	地区	地区生产总值(万元)	位次	第一产业增加值(万元)	位次	第二产业增加值(万元)	位次	第三产业增加值(万元)	位次	人均地区生产总值(元)	位次
2005	克州	174718	14	52755	12	27566	14	94397	14	3654	13
	喀什地区	1360000	—	600000	—	280000	—	480000	—	3941	—
	和田地区	487832	13	220546	6	79094	12	188192	13	2712	14

续表 3-6

年份＼地区	地区	地区生产总值（万元）	位次	第一产业增加值（万元）	位次	第二产业增加值（万元）	位次	第三产业增加值（万元）	位次	人均地区生产总值（元）	位次
2006	克州	197129	14	53608	12	34302	14	109219	14	4051	13
	喀什	1640000	—	690000	—	340000	—	610000	—	—	—
	和田地区	553429	13	222786	6	96215	12	234427	13	3005	14
2007	克州	237132	14	59928	12	43512	14	133692	14	4712	13
	喀什地区	2165000	—	909000	—	504000	—	752000	—	5958	—
	和田地区	636962	13	255785	6	111942	12	269235	13	3405	14
2008	克州	27.68	15	6.58	13	5.74	15	15.36	15	5350	14
	喀什地区	238.57	8	95.94	2	40.06	12	102.57	5	6108	13
	和田地区	74.52	14	28.96	7	12.09	14	33.47	14	3928	15
2009	克州	32.46	15	7.41	13	6.36	15	18.69	15	6183	14
	喀什地区	284.24	8	115.32	2	48.86	11	120.07	4	7085	13
	和田地区	88.58	14	31.79	7	14.47	14	42.32	12	4583	15
2010	克州	388757	15	78022	14	91153	15	219582	15	7202	14
	喀什地区	3599718	7	1517509	2	650210	11	1431999	4	8748	13
	和田地区	1034972	14	363132	8	175493	14	496347	12	5181	15
2011	克州	480250	15	90412	14	121615	15	268223	15	8664	14
	喀什地区	4201512	7	1506655	3	1072198	10	1622659	5	10558	13
	和田地区	1269941	14	408264	8	245083	14	616594	12	6172	15
2012	克州	610309	15	104520	14	174526	15	331263	15	10887	14
	喀什地区	5173492	7	1752279	3	1431277	9	1989936	5	12817	13
	和田地区	1472873	14	457209	8	290112	14	725552	12	7015	15

数据来源：《新疆统计年鉴》、《新疆统计公报》、《喀什地区统计公报》。

表 3-7 2005～2012 年南疆三地州及新疆地方财政一般预算收入情况

年份＼地区	克孜勒苏柯尔克孜自治州（亿元）	喀什地区（亿元）	和田地区（亿元）	南疆三地州合计（亿元）	南疆三地州增速（%）	新疆（亿元）	新疆增速（%）	南疆三地州占比（%）
2005	0.8	5.6	2.3	8.7	—	180.3	15.8	4.8
2006	0.9	6.6	2.7	10.3	18.7	219.5	21.7	4.7
2007	1.2	8.1	3.2	12.5	21.5	285.9	30.3	4.4
2008	1.8	10.8	3.8	16.4	31.2	361.1	26.3	4.6

续表 3-7

年份＼地区	克孜勒苏柯尔克孜自治州（亿元）	喀什地区（亿元）	和田地区（亿元）	南疆三地州合计（亿元）	南疆三地州增速（%）	新疆（亿元）	新疆增速（%）	南疆三地州占比（%）
2009	2.3	14.7	4.5	21.5	30.7	388.8	7.7	5.5
2010	3.3	19.6	6.3	29.2	35.9	500.6	28.8	5.8
2011	5.5	28.8	9.3	43.6	49.2	720.4	43.9	6.1
2012	9.15	37.47	11.18	56.2	28.8	909.1	26.2	6.2

数据来源：《新疆统计年鉴》、《新疆统计公报》、《喀什地区统计公报》。

表3-6中，2012年，喀什地区生产总值完成517亿元，同比增长15.7%（可比价，下同），一、二、三产增加值分别增长6%、28%、17.5%。地方公共财政预算收入37.47亿元，增长30.34%；全社会消费品零售总额110.5亿元，增长23.5%；进出口总额10.7亿美元，增长4%；城镇居民人均可支配收入15179元，增长12%；农民人均纯收入5100元，增收830元。克州2012年完成生产总值61.41亿元，按不变价计算，比上年增长20.05%，其中，第一产业增加值增长7.1%，第二产业增加值增长34.7%，第三产业增加值增长18.4%。地方财政收入9.15亿元，增长43.9%，其中一般预算收入增长26.75%。和田地区2012年全地区实现生产总值145.44亿元，增长12.4%，其中，一产增加值增长4.5%，二产增加值增长13.5%，三产增加值增长16.9%，三次产业结构进一步优化。南疆三地州经济持续健康发展，主要经济指标均实现两位数增长。

B 南疆三地州优势特色产业发展良好，园区建设加速

目前，南疆三地州已逐步形成以林果业、畜牧业、设施农业、特色种植业和手工业为主的农业增收产业。2012年林果面积累计达861万亩；牲畜存栏1519万头（只）；设施农业累计达13万座；特色种植达114万亩；从事手工业近4万户。南疆三地州依托资源优势，以园区为增长级，带动工业、第三产业快速发展，优势特色产业发展良好。2012年，南疆三地州农民人均纯收入达到4626元，增幅21.4%，增收效果较为显著（见表3-8）。

表3-8 2005～2012年南疆三地州主要农产品产量情况

年份＼地区		克孜勒苏柯尔克孜自治州（吨）	喀什地区（吨）	和田地区（吨）	南疆三地州合计（万吨）	全区（万吨）	占比（%）
2005	粮食	170911	1911462	911284	299.37	877.21	34.1
	棉花	7761	275000	39069	32.18	195.7	16.4
	油料	954	6378	5340	1.27	38.94	3.3

续表 3-8

年份	地区	克孜勒苏柯尔克孜自治州（吨）	喀什地区（吨）	和田地区（吨）	南疆三地州合计（万吨）	全区（万吨）	占比（%）
2006	粮食	168096	1986549	901433	305.61	895.22	34.1
	棉花	8883	351700	42606	40.32	267.53	15.1
	油料	997	17153	4188	2.23	32.82	6.8
2007	粮食	160374	1949466	907732	301.76	867.04	34.8
	棉花	9401	356767	46128	41.23	290	14.2
	油料	723	5475	4344	1.05	40.3	2.6
2008	粮食	186348	2197915	995905	338.02	909	37.2
	棉花	9547	364106	54212	42.79	301.55	14.2
	油料	992	12405	5032	1.84	56.85	3.2
2009	粮食	233335	2588615	1050727	387.27	1152	33.6
	棉花	8098	306848	45646	36.06	252.4	14.3
	油料	871	9452	8531	1.89	63.91	3.0
2010	粮食	236789	2699781	1069697	400.63	1150.2	34.8
	棉花	9100	314240	46465	36.98	247.9	14.9
	油料	936	14122	11434	2.65	66.62	4.0
2011	粮食	263244	2575333	1061599	390.02	1200.75	32.5
	棉花	8956	346846	45413	40.12	289.77	13.8
	油料	978	15091	9231	2.53	66.76	3.8
2012	粮食	288702	2679201	1062514	403.0	1843.5	21.9
	棉花	10230	369810	38541	41.9	231.8	18.1
	油料	1155	14689	10595	2.6	76.0	3.5

数据来源：《新疆统计年鉴》。

南疆三地州分地区产业情况如下：

（1）喀什地区。截至2012年，喀什地区农业可持续发展能力进一步增强，小麦实现“五连增”，总产128.3万吨，增产5.1万吨，收购夏粮37.3万吨，为历史最高水平。果品产量166万吨，增产21万吨，农民人均林果增收350元。畜牧业发展方式转型加快，实现肉产量36.2万吨。集中连片发展设施农业，加快“菜篮子”建设，改造大棚4017座，新建温室、拱棚2970座。大力推广多熟高效栽培模式，特色种植发展到158万亩，增加24万亩。完成农田水利基本建设投资11.7亿元，增长19%。2012年，农民人均纯收入首次突破5000元大关，达到5100元，增长19.4%，是增速最快、增幅最大的一年。全年转移农村劳动力82.3万人次，创收36.6亿元。喀什地区加强园区建设，加快优势产业发展，截至2012年，5家工业园区成功升级为自治区级工业园区，累计建成园区面积61.01平方千米，基础设施投入近15亿元，入园企业106户，形成了以“钢铁、铜、铅锌”三个基础材料产业的特色优势产业。劳动密集型产业发展加快，伽师服装产业孵化园项目前期全面启动。农副产品深加工产业积极推进，组装加工产业进一步发展，新能源产业发展加快，太阳能光伏发电项目开工建设，成为地区新兴产业发展的一大亮点。

（2）克州。积极推进现代农牧业技术在生产领域中的推广应用，不断强化农业基础地位，农业生产效益明显提高。2012年实现农村经济总收入19.8亿元，比2011年增长30.9%；粮食总产量28.92万吨，增长9.86%；设施农业大棚投产14445座13193亩，总产3.55万吨，产值近1亿元；肉类总产量3.73万吨，增长5%；新增养殖小区20个，禽类养殖规模400万羽，增长41%；新增戈壁特色林果面积3.81万亩，育苗面积4017亩，地产苗木922万株；新增农业高效节水面积6万亩；劳务输出9.2万人次，创收2.64亿元。2012年克州优势资源转换战略深入实施，把黑色金属冶炼加工、能源、新型建材等带动作用强的大项目作为跨越式发展的突破口，工业经济结构发生新变化，优势资源开发进入新阶段。2012年实现工业增加值11.03亿元，比2011年增长46.3%。黑色金属冶炼加工项目开工建设，新型干法水泥和黑色、有色金属采选项目加快实施。加快工业园区规划和建设，园区机构和管理体制不断完善，已入驻企业100余家，园区水、电、路、气等基础设施建设加快推进。第三产业稳步发展，商贸旅游活动加快推进。城市商业网点布局进一步优化，农村商业批发市场加快建设，商业网点设施得到提升，城乡消费环境进一步改善，餐饮、商贸、房地产、旅游等消费热点突出，2012年实现社会消费品零售总额14.28亿元，比2011年增长45.86%。加快对外开放步伐，全力推进喀什经济开发区伊尔克什坦园区基础设施建设，不断扩大对外经贸合作，随着多家企业正式入驻园区，预计外贸进出口总额2.16亿美元，增长39.35%。招商引资取得新突破，依托优势资源和援疆平台，与内地经济技术合作领域和规模进一步扩大，招商引资实际到位资金66.85亿元，增长56.12%。旅游业高速发展，阿图什天门、乌恰胡杨林生态园、阿克陶喀拉库勒湖等一批旅游景点基础设施不断完善，四大主题公园建设前期准备工作全面开展，2012年全年接待国内外游客55.88万人次，比上年增长48.5%，旅游总收入1.3亿元，增长60.15%。

（3）和田地区。自2010年以来，和田地区农村经济稳步增长。2012年全地区实现农业总产值89.85亿元、增长3.96%；各项支农惠民政策全面落实，各类补贴到位资金3.9亿元；全地区粮食播种面积239.74万亩，总产达106.25万吨，连续五年保持百万吨以上；全地区林果总面积达到251.4万亩，新增林果标准化示范园1.3万亩；完成人工造林面积18.9万亩；全地区牲畜存栏503.45万头（只）、增长0.5%，出栏450.67万头（只）、增长7.57%；家禽存栏850万羽、增长39%，家禽出栏3000万羽、增长114%；肉类总产量97192吨，增长18.25%，工业经济快速发展。2012年，全地区大规模（500万元以上）工业企业实现工业总产值15.7亿元、增长15.6%；完成工业增加值9.93亿元、增长16.6%；工业领域完成固定资产投资19.6亿元、增长16.7%。围绕地区优势资源、特色产业，加快优势资源转化，推进新型工业化，全地区8个工业园区累计完成基础设施投资7.6亿元，已有205家工业企业入驻，其中109余家企业已投入生产，实现产值约8.3亿元。2012年全地区实现社会消费品零售总额25.63亿元、增长11.86%；全年共接待国内外游客121.58万人次、增长20%，实现旅游直接收入1.56亿元、增长19.6%。全地区价格总水平继续呈高位运行态势，居民消费价格上涨5.6%，回落0.9个百分点，其中食品类价格上涨11.7%，依然是居民消费价格上涨的主要因素。认真落实社会救助和保障标准与物价上涨联动机制，全年全地区累计发放物价补贴6116.49万元，惠及42.64万名困难群众。

C 全社会固定资产投资进一步加大，基础设施进一步完善

自2010年以来，南疆三地州进一步加大固定资产投资力度（如图3-12所示），以项目建设作为拉动经济增长的重要抓手，力促投资向“规模化、集聚化、产业化、高效化”方向发展，投资对经济拉动作用加大。2009年，南疆三地州固定资产投资增速大幅下降，由46.5%降至29.4%，2010年三地州固定资产投资增速扭转颓势，大幅上扬，至2011年增加为34.2，高于全疆平均水平1.1个百分点。基础设施建设步伐加大，2012年，三地州新修道路1964千米，新打和配套机井396眼，修防渗渠905千米，配套桥涵闸1535座，解决人畜饮

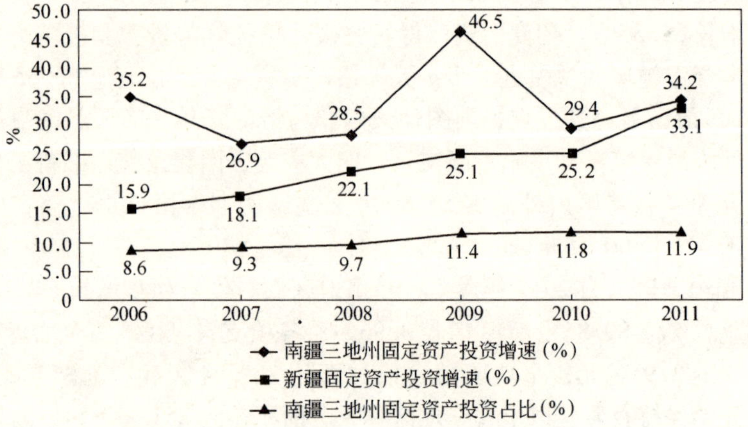

图3-12 2006~2011年南疆三地州及新疆固定资产投资变化

水困难的贫困村252个（见表3-9）。加快推进项目前期工作，加大资金筹措力度，强化项目监管，推动农业、水利、交通、能源、优势资源开发等一批重点基础设施项目加快建设，对经济发展的支撑和保障作用进一步增强，促进了经济发展方式转变，不断改善民生，努力满足各族人民群众日益增长的物质文化需要。

表3-9 2012年南疆三地州基础设施建设情况 （%）

指 标	扶贫开发重点县	南疆三地州
通公路的自然村比重	94.9	94.1
通电的自然村比重	98.4	99.6
通电话的自然村比重	93.1	92.1
能接收电视节目的自然村比重	98.4	99.8
本村有幼儿园、学前班比重	50.9	57.5
本村有卫生室比重	70.2	71.7
本村有合格乡村医生、卫生员比重	74.1	75.9
本村有合格接生员比重	52.8	38.2

数据来源：《新疆调查年鉴2012》。

南疆三地州分地区固定资产投资及基础设施建设情况如下：

（1）喀什地区。2012年投资对经济增长的贡献率达到90%以上，是地区固定资产投资总量最大、增长速度最快的一年。地区确定的165个重点建设项目完成投资204亿元，同比增长22%。卡拉贝利、阿尔塔什水利枢纽工程项目前期工作及临建工程进展顺利，塔里木河流域近期综合治理工程基本完工。莎车机场、中吉乌铁路、喀什至叶城等高速公路、百万吨乙烯项目等重点项目的建设对经济增长的拉动作用越来越强。

（2）克州。2012年全社会固定资产投资69.19亿元，比上年增长51.43%，工业投资占全社会固定资产投资总额近50%。落实国家、自治区基本建设补助资金12.65亿元，项目前期费用投入7315万元。全力推进重大项目建设，协调落实项目建设条件，确保新建项目快开工，续建项目快建设、快投产、快见效。政府性投资、对口援疆、企业投资三大工程领域96个重点建设项目开工建设91个，开工率达95%，完成投资56亿元，其中，政府性投资项目完成22.5亿元，对口援疆项目完成援助资金4.3亿元，企业投资项目完成29.2亿元。重点建设项目拉动投资作用明显，占全社会固定资产投资的81%。

（3）和田地区。2012年完成投资97.23亿元，其中，续建项目205个，完成投资42.46亿元；新开工项目140个，完成投资54.77亿元。重点前期项目52个，涉及国计民生的一大批水利、交通、能源等重大项目顺利推进。

D 以改善民生为重点，各项社会事业全面发展

自自治区开展“民生建设年”活动以来，南疆三地州民生建设扎实推进，民生事业取得重大进展，各项社会事业蓬勃发展。2012 年，和田地区财政用于民生方面支出达 115.74 亿元，占财政一般预算支出的 76.52%；新建安居富民房 40234 户、定居兴牧房 750 户、各类保障性住房 20042 套（户）；加快推进教育、卫生基础设施建设，新建改建普通高中和职业高中 21 所、医院 4 所、村卫生室 91 所；大力实施就业再就业工程，实现城镇新增就业 2.33 万人，城镇登记失业率控制在 4% 以内；转移农村富余劳动力 42.52 万人次，实现劳务创收 9.5 亿元、增长 20.25%。进一步完善城乡社会和保障体系，城镇职工、居民参加基本医疗保险人数达 29 万人、参保率达 98%，新型农村社会养老保险参保 92.83 万人、参保率 99%，新农合参合农牧民 166.7 万人、参合率 98.3%。加大扶贫开发力度，完成 106 个重点村整村推进，帮助 1.88 万户、7.4 万贫困人口越过贫困线。加快推进城乡水、路、电、气等基础设施建设，解决 6.32 万人的农村饮水安全问题，完成农村公路建设 1017 千米，结束了边远山区 4361 户、1.44 万人“用电难”的历史，新增天然气入户数 9378 户。认真落实计划生育奖励政策，农牧民两证领取率达 29.68%，人口自然增长率达 20.97‰，符合政策生育率达 99.8%。城镇居民人均可支配收入达 17160.93 元、增加 2508 元、增长 17.12%；农牧民人均纯收入达 3896 元、增加 453 元、增长 13.16%。

2012 年，喀什新建农村安居富民房 7.83 万套，新建定居兴牧房 850 套，改造喀什市老城区危旧房 8386 户，新建保障性住房 7.4 万套。完成 18.61 万户农村自来水入户。全面解决了 1.98 万无电人口的用电问题。新建农村公路 2233 千米，解决了 4 个山区乡镇和 10 个村通行难问题。在教育、卫生、文化、体育、广播电视、就业和社会保障等领域，支持建设各类项目 1724 个，总投资达到 8.4 亿元，夯实了发展的基础，提高了公共服务水平，有效地促进了社会和谐进步。2012 年，喀什完成教育基本建设投资 32.8 亿元、新增建筑面积 257.7 万平方米，办学条件明显改善。落实教育优惠政策各项资金 12.07 亿元，惠及 81.7 万学生。全地区接受学前和中小学“双语”教育在校生分别占全疆的 31% 和 22%，高中阶段教育入学率达 63%，提高 8 个百分点；区内初中班、内地高中班、中职班规模不断扩大。喀什大学筹建工作启动。医疗保障水平不断提高，重大传染病、地方病防控能力加强，突发公共卫生事件应急能力提升。人口和计划生育工作稳步推进，奖扶政策全面落实。重大文化惠民工程深入实施，地区新博物馆、文化馆开工建设，公共文化场馆免费开放；“四下乡”、“六进村”、“百乡千村巡回演出”等活动深入开展，各族群众精神文化生活进一步丰富，建设美好喀什的信心进一步增强。

克州加大安居富民、定居兴牧和保障房工程建设力度，新建安居富民工程9130套，定居兴牧工程6700套，保障性住房7138套。加大扶贫开发力度，5647户24698人实现脱贫。南疆天然气利民工程顺利推进，阿图什市中心站已建成，阿克陶县奥依塔克镇瓶组站主体工程已完工。编制克州无电地区电力建设方案，解决了2个无电乡、21个富民安居点5529户、2.24万人的用电问题。解决了2.5万农牧民饮水安全，实施了定居兴牧牧区水源骨干工程。新建改建农村公路278千米。全面落实中央、自治区提高各族干部群众收入待遇政策。2012年，克州城镇居民人均可支配收入15200元，增长25.91%；农牧民人均纯收入3236元，增长33.39%。克州社会事业全面进步，在教育、卫生、文化等公共服务领域，建设实施了一批项目，改善了基础设施条件，提高了服务能力和水平。教育方面，基础教育、“双语”教育、职业教育不断提升，实施高中阶段免费教育，克州三中、中心幼儿园、试验小学教学楼项目即将交付使用，克州中等职业技术学校一期、2个农村初中校舍改造、5所农村学校教室周转宿舍项目主体完工。医疗卫生方面，医药卫生体制改革稳步推进，城镇职工基本医疗保险、城镇居民基本医疗保险、新型农村合作医疗保险参保率保持在99%以上，新农合筹资标准每人每年提高到310元。国家基本药物制度得到进一步落实，乡镇卫生院和辖区卫生室一体化管理率达到100%，公立医院改革积极推进，城乡居民健康档案规范化电子建档率76%，4个乡镇卫生院和37个村级卫生室建设完成，4个县级卫生监督所、克州精神卫生中心稳步实施。文化、体育、广播电视方面，60个行政村文化室和4个社区文化室已建成，“四馆一中心”项目已进入招投标程序，具备条件的体育馆、文化馆、图书馆实现免费开放，“百日文化广场活动”全面开展，“西新工程”、“东风工程”、“广播电视村村通工程”等系列工程深入实施。劳动和社会保障方面，阿图什市就业和保障服务中心投入使用，乌恰县就业和保障服务中心加快推进；实现城镇就业10036人，培训城乡各类人员3.73万人次，266户零就业家庭实现动态清零；养老保险、城镇职工基本医疗保险、失业保险、工伤保险、生育保险参保人数新增2.18万人，新型农村社会养老保险参保率100%，城乡低保对象基本实现应保尽保。

3.2.1.2 存在的主要问题

存在的主要问题包括：

(1) 经济发展实力弱，自我发展能力严重不足。2012年，南疆三地州总人口占全疆总人口的30.6%，地区生产总值725.67亿元，仅占全疆的9.7%；地方公共财政预算收入56.07亿元，仅占全疆的6.2%，财政自给率只有约10%，低于全疆平均水平20多个百分点；全社会固定资产投资660.60亿元，只占全疆的10.6%。城镇居民人均可支配收入，喀什14977元（全疆倒数第一）、和田

17161 元、克州 15222 元，分别为全疆的 83.5%、95.8% 和 84.9%；农牧民人均纯收入，喀什 5142 元、和田 3896 元、克州 3236 元（全疆倒数第一），分别为全疆的 80.4%、60.9% 和 50.6%。2013 年，南疆三地州地方公共财政预算收入和固定资产投资增幅均低于全区平均增幅，与北疆地区乃至全疆的差距呈逐步扩大之势。

（2）贫困面大、程度深，扶贫攻坚任务艰巨。南疆三地州所辖 24 个县（市）中，19 个为国家扶贫开发重点县（市），5 个为扶贫开发比照县（市），占全疆 32 个（27 个国家扶贫开发重点县（市）+5 个比照县（市））国家重点扶贫县的 75%。贫困村 2970 个、占行政村总数的 74.9%。按照国家新确定的农村扶贫标准年人均纯收入 2300 元，至 2012 年末，南疆三地州农村扶贫对象 231.5 万人，贫困发生率达 42.8%，占全疆扶贫对象人口的 83.2%。还有 64 万农牧民居住在海拔 1500～4800 米的偏远深山区、石山区、山区、沙漠边缘的贫困村，是扶贫攻坚的"硬骨头"，存在就医难、上学难、出行难、饮水难、住房差、增收难等问题。

（3）自然环境恶劣，生存生产条件差。南疆三地州北、西、南三面分别为天山、喀喇昆仑山和昆仑山，东面为塔克拉玛干大沙漠，属于极度干旱荒漠地区，其中戈壁、沙漠和高原占国土面积的 90% 以上，平原区绿洲面积仅占 9.2%。由于特殊的地形结构和地理位置，形成了严酷的荒漠环境，气候干旱，植被稀少，风沙频繁，年均降水量仅 40～50 毫米，年均蒸发量高达 2400 毫米以上，水资源匮乏，春季缺水，夏季洪涝，秋冬干旱，生产条件差，自然灾害频发，农牧民因灾返贫现象依然存在。目前，南疆三地州耕地、水资源约束日趋严重，占全疆 18.3% 的耕地面积，承载着全疆 40.8% 的农业人口，人均耕地不足 2 亩。土地沙化、盐渍化、荒漠化危害突出，生态脆弱，生存环境恶劣。加之长期以来粗放的生产发展方式，环境承载压力越来越大，资源与环境面临巨大压力。

（4）基础设施建设薄弱，瓶颈制约严重。南疆三地州水利、交通和电力基础设施依然十分薄弱，对外交通严重滞后，东联西出的铁路、公路通道能力不足。主要河流缺乏山区控制性水利枢纽工程，工程性缺水问题突出。城镇基础设施建设滞后，公共服务保障能力和水平仍很低。农村牧区基础设施条件薄弱，农田水利建设滞后，农业水资源利用率不足 40%，结构性缺水和耕地退化严重，严重制约农牧业发展和农牧民增收脱贫。解决出行难、饮水难等问题，任务仍十分艰巨。

（5）产业发展滞缓，城乡居民增收困难。南疆三地州经济总量规模小，产业结构层次低。2012 年，三次产业结构比例为 31.7∶26∶42.3，第二产业占比很低，第三产业存在虚高化现象，农业仍处于主导地位，发展水平不高，抵御自然灾害能力弱，农民收入来源单一，农民就业空间狭小。工业发展仍处于初级阶段，资源依赖型特征明显，多为初级产品，附加值低。服务业发展滞后。城乡居民收入水平均位居全疆后位。

（6）人口增长过快，人力资源开发不足。南疆三地州人口自然增长率远高于全疆和全国平均水平，特别是农村地区超生、多生现象严重，劳动力负担系数大。劳动力素质普遍偏低，难以转向非农产业，造成生态环境压力大。就业难和招工难矛盾十分突出。人力资源开发不足，人才匮乏，结构性矛盾突出。一方面极其缺乏高端人才、复合型人才、专业型人才、创新型人才、高技能人才；另一方面技术工人也极其短缺，人才总量不足和结构性矛盾非常突出，人才流失严重与引进困难矛盾并存。

（7）社会事业发展滞后，基本公共服务水平低。南疆三地州受地方财力弱、自筹能力差等客观条件制约，教育、卫生、文化等社会事业基础建设不足，发展水平不高。南疆三地州平均受教育年限不到7年，比全疆平均水平低2年以上。特别是师资力量严重不足，目前合格“双语”教师极其短缺，教师收入低、条件差、招不来、留不住、干不久，仅和田地区每年教师缺口就为8000人左右。高中阶段教育特别是普通高中入学率很低，2012年，喀什地区初中毕业进入高中阶段升学率为60.58%，和田地区仅为52.51%。特别是职业教育总体发展水平较低，基础薄弱、实训基础设施不足，素质性贫困相当突出。文化体育及广播电视事业基础设施落后，很多山区、牧区老百姓收看电视依然困难。医疗卫生设施落后，分布不均，卫生技术人员严重匮乏，特别是乡村缺医少药问题突出，疾病预防控制、突发性公共卫生事件应急处理能力不足。同时，南疆三地州医疗卫生服务半径大，点多、面广、线长，运行成本高。社会保障体系还不完善，扩面提质困难。应急体系不健全，社会救助体系匮乏。因灾、因病返贫问题突出。

（8）改革开放滞后，市场化进程缓慢。以市场化为基本取向的经济体制改革起步晚，导致市场经济发育不足、发展缓慢，外向化程度低，加之周边国家市场化程度低，全方位对外开放进程缓慢。由于绿洲形成的人口单元和社会经济单元、行政区布局分散，属典型的面广、线长、点多地域类型，基本建设投入大、开发成本和管理成本非常高，行政成本远高于其他各地。

3.2.2 新疆贫困现状[1]

3.2.2.1 新疆贫困总体状况

新疆是国家主要贫困区域之一，仍有家庭人均纯收入低于2300元（国家及新疆2011年扶贫标准）的扶贫对象78万户、329万人，主要分布在以南疆三地州为主的塔里木盆地干旱贫困区，以天山、阿尔泰山区为重点的北疆高寒农牧贫

---

[1] 本节扶贫数据主要来源于新疆扶贫办，经济数据来源于2013年《新疆统计年鉴》。

困区，以及边境贫困农村，呈现出点、片、线、带特征（见表 3-10）。35 个扶贫开发工作重点县（市），其中有 27 个国家扶贫开发工作重点县（市）、5 个比照国家扶贫开发工作重点县（市）、3 个自治区扶贫开发工作重点县；32 个边境县（市），其中有 17 个边境扶贫重点县（市）；3868 个贫困村，其中有 377 个边境贫困村、299 个山区贫困村；有扶贫对象的非贫困村。

表 3-10 新疆贫困区域分布情况

区域范围	分 类	县 市
南疆三地州集中连片特殊困难地区（24 个县市）	国家扶贫开发工作重点县（市）19 个	和田县、墨玉县、皮山县、洛甫县、策勒县、于田县、民丰县、疏附县、疏勒县、英吉沙县、莎车县、叶城县、岳普湖县、伽师县、塔什库尔干塔吉克自治县、阿图什市、阿克陶县、阿合奇县、乌恰县
	比照国家扶贫开发工作重点县（市）5 个	和田市、喀什市、泽普县、麦盖提县、巴楚县
边境地区（32 个县市）	其中国家边境扶贫重点县（市）17 个	和田县、皮山县、叶城县、塔什库尔干塔吉克自治县、阿图什市、阿克陶县、阿合奇县、乌恰县、乌什县、察布查尔锡伯自治县、托里县、裕民县、和布克赛尔蒙古自治县、青河县、吉木乃县、巴里坤哈萨克自治县、伊吾县
特困山区	特困山区村 299 个	
片区外的扶贫开发工作重点县（11 个县市）	国家扶贫开发重点县 8 个	尼勒克县、察布查尔锡伯自治县、托里县、吉木乃县、青河县、柯坪县、乌什县、巴里坤哈萨克自治县
	自治区扶贫开发重点县 3 个	和布克赛尔蒙古自治县、裕民县、伊吾县
贫困村	贫困村 3868 个	

资料来源：新疆扶贫办。

新疆各贫困区域具体情况如下：

（1）贫困村。全区有 3868 个贫困村，占全区行政村的 1/3，分布在 13 个地州、75 个县（市）。其中南疆三地州 2970 个，占 77%；35 个县（市）3314 个，占 86%；32 个边境县（市）1298 个，占 34%。

（2）边境线。新疆有 32 个边境县（市），其中有 17 个扶贫开发重点县（市），均位于高寒山区，行政区划土地面积 65 万平方千米，占新疆土地面积的 39%。17 个边境扶贫重点县（市）为：和田县、皮山县、叶城县、塔什库尔干塔吉克自治县、阿图什市、阿克陶县、阿合奇县、乌恰县、乌什县、察布查尔锡伯自治县、托里县、裕民县、和布克赛尔蒙古自治县、青河县、吉木乃县、巴里坤哈萨克自治县、伊吾县。

（3）南疆三地州。辖 24 个县（市）中，19 个是国家扶贫开发重点县

（市），5 个为比照国家扶贫开发重点县（市），占全区国家扶贫开发重点县的 75%；3963 个行政村中有 2970 个贫困村，占三地州行政村总数的 75%，占自治区贫困村总数的 77%；人均收入低于 2300 元的扶贫对象 243 万人，占全区扶贫对象的 74%。该区域有 24 个扶贫开发工作重点县（市），其中国家扶贫开发工作重点县（市）19 个：和田县、墨玉县、皮山县、洛甫县、策勒县、于田县、民丰县、疏附县、疏勒县、英吉沙县、莎车县、叶城县、岳普湖县、伽师县、塔什库尔干塔吉克自治县、阿图什市、阿克陶县、阿合奇县、乌恰县；比照国家扶贫开发工作重点县（市）5 个：和田市、喀什市、泽普县、麦盖提县、巴楚县，享受国家扶贫开发工作重点县政策。

（4）片区外的扶贫开发工作重点县。片区外国家扶贫开发重点县 8 个：尼勒克县、察布查尔锡伯自治县、托里县、吉木乃县、青河县、柯坪县、乌什县、巴里坤哈萨克自治县。片区外自治区扶贫开发重点县 3 个：和布克赛尔蒙古自治县、裕民县、伊吾县。

（5）299 个山区特困村。299 个山区特困村分布在昆仑山、天山、阿尔泰山三大山系的 47 个县，141 个乡镇。其中昆仑山山区 114 个村，占 38%；天山山区 156 个村，占 52%；阿尔泰山山区 29 个村，占 10%。喀什地区 63 个，占 21%；和田地区 51 个，占 17%；伊犁哈萨克自治州 45 个，占 15%；克孜勒苏柯尔克孜自治州 30 个，占 10%；阿勒泰地区 29 个，占 10%；哈密地区 25 个，占 8%；塔城地区 21 个，占 7%；巴音郭楞蒙古自治州 16 个，占 5%；阿克苏地区 14 个，占 5%；昌吉回族自治州 5 个，占 2%。

3.2.2.2 南疆三地州贫困程度

南疆三地州所辖 24 个县（市）中，19 个为国家扶贫开发重点县（市），5 个为扶贫开发比照重点县（市），占全疆 32 个（27 个国家扶贫开发重点县（市）+5 个比照重点县（市））国家重点扶贫县的 75%。贫困村 2970 个，占行政村总数的 74.9%。至 2012 年末，农村扶贫对象 231.5 万人（按照年均纯收入 2300 元以下农村扶贫标准），贫困发生率达 42.8%，占南疆三地州农村人口的 42.8%，占全疆扶贫对象人口的 83.2%。南疆三地州是新疆地处最边远、生活最贫困、发展最艰难、生态最脆弱、战略地位重要的区域，在新疆和我国发展稳定大局中具有特殊重要的战略地位。2012 年，南疆三地州总人口占全疆总人口的 30.6%，地区生产总值 725.67 亿元，只占全疆的 9.7%；地方公共财政预算收入 56.07 亿元，只占全疆的 6.2%，财政自给率只有约 10%，低于全疆平均水平 20 多个百分点；全社会固定资产投资 660.60 亿元，只占全疆的 10.6%。城镇居民人均可支配收入喀什 14977 元（全疆倒数第一）、和田 17161 元、克州 15222 元，分别只为全疆的 83.5%、95.8% 和 84.9%；农牧民人均纯收入喀什 5142 元、和田

3896元、克州3236元（全疆倒数第一），分别只为全疆的80.4%、60.9%和50.6%。2013年，南疆三地州地方公共财政预算收入和固定资产投资增幅均低于全区平均增幅，与北疆地区乃至全疆的差距呈逐步扩大之势。

3.2.2.3 边境地区贫困现状

新疆边境地区由于受到各种限制，历史欠账多，发展速度仍然相对迟缓，群众生活水平提高仍然缓慢，与全区平均水平相比，发展差距仍呈现逐步扩大的趋势。边境地区农村的生产力、文化发展、群众生活的低水平状况还没有得到根本改变，贫困形势依然严峻。其中边境一线由于远离内陆，距离边境很近，自然环境最为恶劣，低收入贫困人口分布最为分散，边境一线乡村人口35.2万人，而低收入贫困人口就有21.5万人，贫困发生率高达61%，是全区贫困率24%的2.54倍。同时地广人稀，居住分散，平均每平方千米仅有3人。边境二、三线相对内陆腹地经济欠发达，社会发育程度低，布局发展产业空间小，服务边民的社会服务水平较低。除了经济上贫困，教育文化也很落后，人口素质不高，物质与精神贫困并存，边民生活长期贫困，贫困呈沿边带状分布、守边又守穷的问题比较突出。

A 边境地区32个县（市）贫困现状

新疆边境32个县（市）中有17个边境重点县（市）和15个边境县（市），分布在10个地州，其中民族自治州有4个，民族自治县有5个，民族自治乡有24个，还有337个乡镇和2933个行政村。该区域行政区划土地面积65万平方千米，占全国135个陆地边境线（旗、市）180万平方千米土地面积的36%，占全区土地面积的39%。边境管理区（指沿国界的乡、镇、农牧团场管辖区域）22万平方千米，占边境地区土地面积的39%。

2012年，边境地区32个县（市）中总人口536万人，其中乡镇乡村人口310.92万人，扶贫对象规模20万户，贫困人口85.67万人（按照国家贫困人口人均纯收入贫困标准2300元/人），占边境地区乡村人口总数的27.55%，占全区贫困人口总数的31.68%。边境地区32个边境县（市）总村数2933个，贫困村数1298个，贫困村数占总村数的44.3%，其中，整村推进贫困村767个，占全区整村推进贫困村总数1689个的45.4%。在767个整村推进贫困村中，边境贫困村有382个，占整村推进贫困村总数的49.8%。2012年，边境地区32个县（市）享受低保户17.1万户、39.2万人；守边户2.8万人，抵边户6.2万人，异地扶贫搬迁2万户、7.6万人，贫困户人均收入低，各县市大部分集中在2000元左右，其中昭苏县最低只有1200元。

2012年，32个边境县（市）地区生产总值1261.52亿元，占全区的

16.81%，其中第一产业338.33亿元，第二产业450.57亿元，第三产业472.61亿元。地方财政收入103.11亿元，仅占到全区的11.34%。32个边境县（市）人均国内生产总值23324.72元，不到全区平均水平33796元的69.02%。

B 南疆边境地区贫困现状

2012年，南疆边境地区总人口为208.91万人，其中，贫困人口70.57万人，占南疆边境地区乡村人口的71.89%。在边境地区32个县（市）中，10个县（市）属于南疆三地州，其中9个县（市）属于国家边境扶贫重点县市。南疆9个边境扶贫重点县（市）总人口184.15万，其中乡村人口139.89万，少数民族人口175.62万人，占边境扶贫开发重点县（市）总人口的74.27%；贫困人口69.68万人，占32个边境县（市）贫困人口的81.3%。

2012年南疆9个边境扶贫重点县（市）的生产总值为174.73亿元，占全区2.33%，其中第一产业61.54亿元、第二产业41.10亿元、第三产业72.09亿元，分别占到全疆总额的4.66%、1.18%、2.67%。地方财政一般预算收入和支出为13.80亿元和145.38亿元，分别占全疆的1.52%和5.34%。南疆9个边境贫困县（市）人均生产总值9489元，仅占全疆人均生产总值的28.08%。

C 北疆高寒边境地区贫困现状

北疆高寒边境地区总人口为324.95万人，其中，贫困人口15.1万人，占北疆高寒边境地区乡村人口（156.04万人）的9.68%，占32个边境县（市）贫困人口的17.6%。在新疆边境地区32个县（市）中，20个县（市）属于北疆高寒边境地区，其中8个县（市）属于边境扶贫重点县市。2012年，8个边境扶贫重点县（市）总人口63.79万人，其中乡村人口39.18万人，少数民族人口39.17万人，贫困人口6.8万人，占32个边境县（市）贫困人口的7.93%。2012年地区生产总值为188.50亿元，占全疆的2.51%，其中第一产业产值47.53亿元、第二产业产值91.09亿元、第三产业产值49.87亿元，分别占全疆的3.60%、2.62%、1.84%；地方财政一般预算收入和支出为22.67亿元和93.60亿元，分别占全疆的2.49%和3.44%；人均国内生产总值29550元，为全疆人均生产总值的87.44%。

D 17个边境扶贫重点县（市）贫困现状

17个边境扶贫重点县（市）分布在8个地州，其中，民族自治州有2个（克孜勒苏柯尔克孜自治州、伊犁哈萨克自治州），民族自治县有4个（塔什库尔干塔吉克县、察布查尔锡伯自治县、和布克赛尔蒙古自治县、巴里坤哈萨克自治州）。该区域有1053个边境贫困村（按2300元新贫困线计算），其中边境一线贫困村 262 个，边境二线贫困村 791 个。2012 年，17 个边境扶贫开发重点县所辖 172 个乡镇中，128 个为扶贫开发重点乡镇，占乡镇总数的 74.5%，占全疆 276 个扶贫开发重点乡镇的 46.38%；贫困村数 1053 个，占行政村总数的 70%，占全疆 3868 个扶贫开发重点村的 27.22%；贫困户 18.74 万户，占全疆扶贫开发重点县 60.44 万贫困户总数的 31.01%。按照 2300 元扶贫标准划分，仍有贫困人口 76.48 万人，贫困发生率 43.38%，高于全疆 35 个扶贫开发重点县贫困发生率 1.88 个百分点，高于 32 个边境县贫困发生率 13.38 个百分点。

2012 年，17 个边境贫困县（市）的地区生产总值 363.23 亿元，仅占全疆的 4.84%，其中，第一产业 109.07 亿元、第二产业 132.20 亿元、第三产业 121.96 亿元，分别占到全疆总额的 8.26%、3.80%、4.51%；人均地区生产总值 2306 元，不到全区平均水平 33796 元的 68.23%。

E 边境一、二、三线情况

结合国家边境地区管理政策，按边境管理功能和发展重点，把边境地区划分为边境一线、边境二线、边境三线（一线守边、二线固边、三线服务）。边境一线为边境县行政辖区内由公安边防派出所管辖的行政区域；边境二线为边境县行政辖区内除一线乡村以外的其他乡村，即边境一线和县城中间地带的行政区域；边境三线为县城城市行政区域。2012 年边境一、二、三线总人口 492.7 万人，乡（镇）总数 329 个，边境乡（镇）总数 217 个。其中，50.5 万人有戍边任务，乡村人口 326.7 万人，贫困人口 102.2 万人。边境一线地广人稀，居住分散，平均每平方千米仅有 5 人，总人口 103.8 万人，其中 22.7 万人有戍边任务，乡村人口 79 万人，贫困人口 22.9 万人。边境二线总人口 225.5 万人，其中，16.7 万人有戍边任务，乡村人口 208.5 万人，贫困人口 73.6 万人。边境三线总人口 166.7 万人，11.2 万人有戍边任务，乡村人口 43.7 万人，贫困人口 6.4 万人。

3.3 新疆贫困地区致贫原因分析

导致贫困的原因是非常复杂的，根据系统论观点，贫困的根源是由“陷阱—隔离—均衡”所构成的一个“低层次的、低效率的、无序的、稳定型的区域经济社会运转体系”，这个体系规定着贫困延续的轨迹。这些因素相互影响并不断发生着变化，根据新疆具体情况，致贫原因可大致分为自然、经济和社会等方面因素。

3.3.1 自然因素

3.3.1.1 生存环境恶劣

新疆贫困人口主要集中在资源匮乏、环境恶劣的深山区、高寒山区和干旱地区，这些地区大多是生态恢复能力低、环境破坏严重的地区。贫困人口十分依赖自然资源，并主要以消耗自然资源来维持基本生存，但是人们赖以生存的耕地资源贫瘠、土地可利用率低、生态环境较差。例如，南疆三地州北、西、南面分别为天山、喀喇昆仑山和昆仑山，东面为塔克拉玛干沙漠，沙漠、戈壁和高原占总面积的90%。由于特殊的地形结构和地理位置，形成了严酷的荒漠环境，气候干旱，植被稀少，风沙频繁，年均降水量不足80毫米，年均蒸发量高达2400毫米以上，水资源匮乏，春季缺水，夏季洪涝，秋冬干涸，生产条件差。地震、沙尘暴、大风、干旱、冰雹、山洪和山体滑坡等自然灾害频繁发生，扶贫对象缺乏抵御自然灾害的能力，丰年温饱，灾年返贫，返贫现象较为普遍。三地州有64万农牧民居住在海拔1500～4800米的偏远深山区、石山区，气候寒冷，霜期过长，交通、信息闭塞，能源短缺，土地、草场贫瘠，生存环境极其恶劣，部分地方“一方水土养活不了一方人”。

3.3.1.2　生态系统恶化

生态环境的破坏主要是指自然资源不可持续的损耗，如不保护土地资源，无止境的开垦，地力衰竭，水土流失严重；对草原的过度开垦导致退化沙化；人口膨胀超过土地承载能力等而引起生态环境的恶化。世界银行指出，“大多数中国的贫困者居住在农村环境严重退化的地区，（他们）除了在某些无生产性而生态环境最脆弱的土地上汲取他们微薄的生活源泉外，别无其他办法。这些贫困的人们既是旱地环境退化的作恶者，又是这种进一步销蚀农业潜力的破坏的受害者，特别是在贫困地区，持续的人口增长削弱了支撑农业生产的人均自然资源基础，农民被迫到更脆弱更陡峭的坡地去扩大生产。”

3.3.1.3　自然灾害频繁

新疆贫困地区大多生态系统脆弱，环境对灾害的延缓、遏止能力弱，是自然灾害典型的群发地区（见图3-13、表3-11），主要有洪水、干旱、沙尘暴、雪

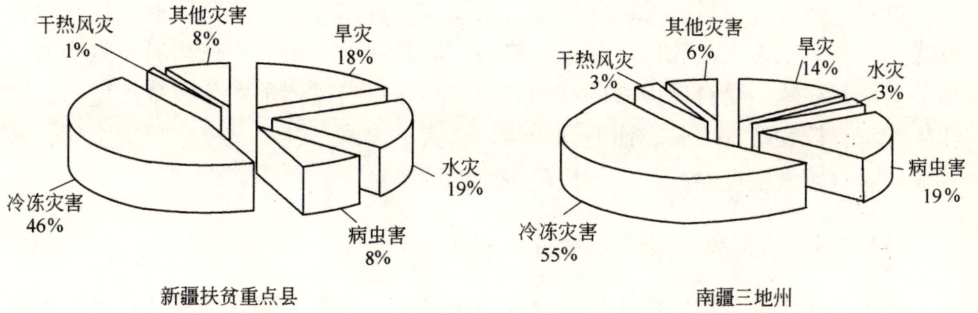

图3-13　新疆贫困地区遭遇的严重自然灾害主要类型构成

灾、地震、农林牧病虫害、森林火灾等多种自然灾害。新疆贫困地区冷冻灾害情况较为严重，占自然灾害比重的50%左右，其次是旱灾、病虫害和水灾。自然灾害对贫困地区农牧业生产往往是致命的打击，是导致贫困地区贫困的主要因素之一。

表 3-11 2011 年新疆贫困地区自然灾害情况

指 标	重点县	南疆三地州
当年遭遇严重自然灾害村比重（%）	30.7	14
遭遇的严重自然灾害主要类型构成（%）	100	100
旱 灾	18.2	14.1
水 灾	18.6	2.6
病虫害	8.1	18.7
冷冻灾害	46.8	55.6
干热风灾	0.8	2.6
其他灾害	7.7	6.2
遭遇的次要自然灾害主要类型构成（%）	100	100
旱 灾	62.3	70.1
水 灾	13.4	3.8
病虫害	3.6	13.2
冷冻灾害	5.2	10.4
干热风灾	5.3	1
其他灾害	10.1	1.9
缺粮需要救济的农户数比重（%）	5.6	4.9
平均每户收到过救济、救灾款的价值（元）	946.18	2170.98
当年收到过救济、救灾款物的农户比重（%）	9.1	6.4

数据来源：《新疆调查年鉴2012》。

例如，新疆边境贫困地区多山地，畜牧业是贫困人口的主要产业，畜牧经营方式，仍以游牧为主。牧民驮载毡房物器，驱赶牲畜，按季节在相隔一定距离的季节草场间移牧，受自然因素的制约非常强烈。每当风调雨顺、牧草茂盛时，牧业生产就有较大幅度增长，而遇到干旱、雪灾、大风、春寒、疫病等灾害时，畜牧业就会有较大幅度的减产，牧民经济生活的不稳定性十分突出。

3.3.1.4 自然资源缺乏有效开发利用

贫困地区土地资源中的山地、高原多于平地，80%～90%的农业资源、生物资源、水资源、森林资源、矿产资源分布在山区，但是主要的人均资源量明显不足，如耕地面积、草原面积和淡水资源的人均占有量较小。长期以来，贫困地区迫于人口压力，对土地重用轻养，土地负荷过重，水土流失、撂荒和盲目乱占耕地等使耕地减少而且质量退化，有限资源没有得到合理开发利用，浪费相对严重，人口对资源的压力十分巨大。贫困地区农村缺生产资料、缺资金和缺技能是贫困户致贫的主要因素，缺劳动力、生存条件恶劣和残疾贫困人口是贫困户致贫的固定因素，因病需救助是贫困户致贫的下降因素，因教育而借债和其他等因素是贫困户致贫的上升因素。新的致贫因素正在不断产生，如南疆三地州耕地资源匮乏，耕地面积1045万亩，人均耕地不足2亩，承载着全区近一半农业人口；现有耕地理化性质逐年变低，保水保肥能力下降，盐碱化程度超过40%，中低产田比重越来越大，极大地制约了农牧业发展；经过20多年的开发，可利用的土地资源越来越少，开发的难度越来越大，耕地制约因素越来越强。

3.3.2 经济因素

3.3.2.1 产业结构落后

经济发展的过程就是经济结构不断升级，不断趋于合理的过程。一般随着生产力水平的提高，科技的进步，在经济增长前提下，农业份额不断下降，第二、三产业比重逐渐上升。然而，贫困地区的产业结构大多仍以农业为主，非农产业比重小。农业内部结构中种植业比重高，种植业内部的粮食比例大大高于经济作物比例。第一产业的增加值在GDP中的比重通常是居高不下，贫困地区的农民通常只能依靠落后的生产手段去获取简单的农牧业产品，以满足他们简单的生存需求。另一方面，在贫困地区的非农业就业机会长期缺乏，广大贫困户只能在第一产业中就业，导致了从事第一产业生产的劳动者占社会劳动者总数的比例也是长期居高不下，这种状况使其产业结构难以改善，严重阻碍了贫困地区经济的发展（见表3-12）。

表3-12　2011年新疆贫困地区基本情况

指标		重点县	南疆三地州
行政村基本情况	平原村比重（%）	69.3	84.9
	丘陵（半山区）村比重（%）	8	12.8
	山区村比重（%）	22.8	2.2
	少数民族聚居村比重（%）	88	100
	平均行政村中自然村个数（个）	4.6	5.2
	平均村总户数（个）	390.9	349.87
平均每个调查村人口情况	全村总人口（人）	1680.33	1543.04
	全村总劳动力（人）	838	781.34

续表 3-12

指标		重点县	南疆三地州
平均每个调查村资源情况	耕地面积（公顷）	283.31	222.37
	水浇地面积（公顷）	270.75	220.39
	25°以上坡耕地面积（公顷）	5.01	0.37
	桑园、茶园、果园面积（公顷）	29.02	29.5
	林地面积（公顷）	26.33	12.46
	牧草地面积（公顷）	863.49	84.09
	养殖水面面积（公顷）	0.09	0.1
	荒山荒坡面积（公顷）	103.86	32.89
平均每个村村级经济与农业科技情况	粮食作物播种面积（公顷）	217.05	169.14
	其他作物播种面积（公顷）	93.01	102.34
	全村粮食总产量（吨）	1289.24	1057.31
	本村乡镇企业个数（个）	0.58	0.17
	乡镇企业销售总收入（万元）	3.67	1.14
	使用节水栽培技术村的比重（%）	42.5	47.5
	有塑料大棚/温室村的比重（%）	56	66.7
	农牧业新技术示范户村的比重（%）	72.3	73.1
	举办过专业技术培训村的比重（%）	86.2	82

数据来源：《新疆调查年鉴2012》。

3.3.2.2 劳动生产率相对较低

在大多情形下，贫困是由于相对低效率的生产方式所导致的，贫困地区或贫困家庭的劳动力大多没有受过良好的教育，素质较差，排斥先进的科学技术知识、新的生产方式和有价值的商品信息等，生产技能难以大幅度提高，劳动手段落后，局限于小生产方式下的基本劳动资料，使用比较简陋的劳动工具。贫困地区由于科技人员缺乏，推广应用技术不力，发展生产所需资金、劳动力、土地投入不足，加上管理人员缺乏，管理手段落后，技术停滞不前。缺乏技术开发、资本积累和人力资源培训，直接导致了贫困地区使用的生产技术非常原始，劳动生产率十分低下，经济效益不高，而教育可以提高劳动者的素质，提高贫困地区劳动生产率。

3.3.2.3 资本积累率低

贫困地区的经济要素分析中，资本形成问题十分重要。从欠发达状态迈向发达状态，必须要有相当数量的资本积累，人均资本品水平影响到生产率水平的高低。罗格纳·纳克斯的“贫困恶性循环”理论对此作了详细分析，要跳出贫困的陷阱，必须要有资本积累，无论是国家还是个人均是如此。根据国家发展的经验，积累率要达到12%以上。然而，在劳动生产率很低，人均GDP很低，维持生存都成为严重问题的时候，很难实现12%的资本积累率。新疆贫困人口平均收入水平低下，低收入意味着低储蓄能力，导致资本形成不足，生产规模和生产效率难以提高，经济增长也只能维持在一个很低的水平上，最终进一步导致农民的低收入。这样周而复始形成了“低收入—低储蓄—低资本形成—低生产率—低收入”的恶性循环。同时，贫困人口平均收入水平低下导致低水平的购买力，投资引诱不足，资本形成不足，使得生产规模、生产率和产出都只能维持在较低的水平上，最终使得农民收入也保持在低水平。

3.3.2.4 资源利用效率低

在贫困地区，由于技术相对落后，可利用的资源，包括劳动力资源，往往没有被充分或有效地利用，没有达到最大的生产效率。资源利用率低，使得生产一定数量的产品就得耗用更多的自然资源，并排放更多的污染。由于资本积累率低，就得用更多的自然资源来替代资本，造成自然资源的耗竭性开发，并排放出更多的污染。由于人口增长过快，就得生产出更多的产品，从而对自然资源和环境施加更大的压力。资源利用效率低不仅使穷人难以维持温饱，而且使经济增长越来越偏离可持续发展的轨道。

3.3.3 社会因素

3.3.3.1 区域发展不平衡

由于历史、地理环境、资源条件及民族冲突等原因，新疆部分地区逐渐处于落后状态，始终没能得到很好的发展，贫困现象比较集中。新中国成立后，受工农业产品价格“剪刀差”的影响，高度集中的资源计划配置制度、缺乏自主权的微观经营机制，使贫困人口生活水平长期得不到提高。改革开放以来的市场化进程对贫困人口产生了巨大的影响，在缓解贫困的同时，社会被分化为不同等级的经济区域和阶层，并且伴随市场经济往深度发展，差异也越大，加上国家政策的倾斜，客观上造成了农村地区利益的牺牲。工业化的发展以农村和农业的落后为代价，将大量农村资源源源不断地、大规模地和无偿地向城市工商业转移，直接或间接地引发和加剧了贫困。

3.3.3.2 社会开放程度低

新疆贫困地区大多地域封闭、联系途径缺乏，联系手段落后、交通不便、信息沟通不畅，市场发育程度较低等因素，严重制约了人们对外部世界的了解和知识的更新，制约了人们生产技术水平和经营管理水平的提高，制约了地区的经济发展。生产只是仅仅为了自身的需求，区域内以独立的个体经济发展为主，区域之间缺乏纵向和横向联合，从而使得资源与经济主体之间以及各种生产要素、经济要素之间的配置呈现凝固性和区域滞后性，难以接收新思想、新知识、新观念、新技术和经营管理理念，形成一种封闭的局面，导致社会的停滞和僵化，不能形成市场网络体系，排斥和阻滞了区域外资源、劳动力和技术、信息的输入，呈现出严重的封闭性和落后性，经济潜力不强。这种封闭圈的形成与社会分工的不发育还有很大关系，越是深山区、高山区，也就越贫困，例如新疆边境贫困地区相对内陆腹地经济欠发达，社会发育程度低，布局发展产业空间小，服务边民的社会服务水平较低。17 个边境扶贫重点县（市）的贫困村主要分布在高寒山区和偏远地区，贫困村平均距县城距离 39. 76 千米，22. 98% 的贫困村距县城距离在 50 千米以上，11. 51% 的贫困村距县城距离在 100 千米以上；贫困村平均距最近车站距离 25. 81 千米，40. 95% 的贫困村距最近车站距离在 10 千米以上；贫困村平均距最近集市 20. 65 千米，27. 57% 的贫困村距最近集市在 10 千米以上；贫困村平均距最近邮局 18. 79 千米，人们很少与外界往来，有的农牧民一辈子没有进过县城。南疆三地州为相对孤立封闭区域，与周边国家有高山峡谷相隔，距离其边境城市和经济中心较远；远离我国经济和市场中心，处于国内市场的最末端；与相邻地州中心城市相距最近也在 400 千米左右，是一个相对封闭的经济区域。

3. 3. 3. 3　市场化进程缓慢

以市场化为基本取向的经济体制改革起步晚、非常滞后，导致市场经济发育不足、发展缓慢，外向化程度低，全方位对外开放进程缓慢。由于绿洲形成的人口单元和社会经济单元，行政区布局分散，属典型的面广、线长、点多地域类型，基本建设投入大、开发成本和管理成本非常高，执政成本远高于其他各地。

3. 3. 3. 4　经济发展缓慢、城乡居民增收困难

南疆三地州经济总量规模小，产业结构层次低，第一产业占比较高，第二产业特别是工业占比很低，第三产业存在虚高度化现象，农业仍处于主导地位，抵御自然灾害能力弱，农民收入来源单一。工业发展处于初级阶段，资源依赖型特征明显，多为初级产品，附加值低，服务业发展滞后，城镇化率低于全疆 18 个百分点，处于城镇化初级阶段，城乡居民收入水平均位居全疆后位。新疆边境贫困地区 2010 年人均财政收入 1099 元，不到全区水平的 1/4；200 万元规模以上企业人均销售额只有 18. 7 万元，产值不高；口岸区域从业人员比重只有 17. 4%，离 2015 年末达到 30% 的目标还差近 12 个百分点。

3.3.3.5 基础设施薄弱

贫困地区缺乏基本的生产和生活的基础设施条件，抵御自然灾害的能力低，贫困地区基础设施建设所需投资都十分巨大，也加剧了贫困。部分贫困乡村不通公路，土路也很不发达，行路难，物质交流和商品输出更难。这些山区，虽有丰富的能源和水力，但电力缺乏，贫困地区薄弱的基础设施无法满足生产发展和经济开发的需要。例如南疆三地州水利、交通和电力等基础设施十分薄弱，缺乏控制性水利工程，春季抗旱，夏季防洪，水资源的利用率不足40%，严重影响农业生产和农民增收。农田水利建设滞后，排灌系统不健全，土壤盐碱化程度逐年加深，耕地退化越来越严重。交通设施特别是区域对外交通严重滞后，铁路、航空运能和服务远不能满足需要，且公路路网密度低，农村公路等级低。

3.3.3.6 人口增长较快

在有限的土地和生活资料下，人口越多，劳动者所抚养的人口自然会增多，负担也就相应地加重，人均消费越少，致使人的基本生存条件恶化，无法保证良好的营养，身体素质不断下降。人口高增长、人力资本水平低，形成人口、环境、贫困恶性循环。一个是人口高增长必然使生态环境和自然资源基础的压力加大，形成“人口增长—环境退化—经济贫困”的恶性循环；另一个是“人力资本水平低—观念落后—缺乏市场经济意识和竞争思想—贫困”的恶性循环。人口增长过快，劳动力素质偏低。三地州人口自然增长率远高于全疆和全国平均水平，并呈逐年提高之势。近年来每年约增加15万人，生态恶化、生活贫困形成恶性循环，人均受教育年限不到7年，劳动力素质普遍偏低，劳动力负担系数大，劳动就业不足，劳动生产效率低。

3.3.3.7 教育落后

一般情况下，由于贫困人口长期生活在贫困的环境之中，形成了特定的生活方式、行为规范和价值观念等。贫困也表现为缺乏效率与个人效能感、缺乏突破陈旧方式的创造性想象和行为、自信心差甚至对现状麻木不仁、被动地接受命运等，这些规范、惯例、行为不仅不利于商品经济观念的形成，而且严重地束缚了人们的进取精神，不利于劳动生产率的增进。贫困文化一旦产生，就会作为一种独立的现实存在，抵制着日益变化的社会经济条件的影响，并通过在贫困人口的下一代中的普及而得到延续。教育发展的限制，使教育通过文化和科学知识的传播从而促进生产力发展的有效手段难以取得应有的效果。此外，由于贫困地区的边远和分散，缺乏吸引所需人才的区位条件，人才难招进难留住，即使拥有丰富的资源，也难以摆脱贫困的困扰。广大乡村现代文化建设薄弱，满足现状的传统思维与生活方式影响较大，落后的就业观念与现代化生产管理最基本的素质要求不相适应，导致就业难和招工难矛盾十分突出。社会事业与公共服务投入不足，普通高中入学率仅22.2%，劳动力特别是农村劳动力素质较低，素质性贫困相当突出。文化体育及广播电视事业基础设施落后，很多山区、牧区老百姓收看电视依然困难，到2010年末，仍有2130个村没有文化室（其中贫困村1501个）。

3.3.3.8 卫生条件和人口健康状况恶劣

与我国发达和比较发达地区比较而言，新疆贫困地区的健康状况较差，其原因有先天和后天的，自然和社会的方面。医疗卫生设施落后，卫生技术人员严重匮乏，乡村缺医少药问题突出，疾病预防控制、突发性公共卫生事件应急处理能力不足。社会就业和再就业形势严峻。社会保障体系不完善，社会保险扩面提质困难。应急体系不健全，社会救助体系匮乏。因灾、因病返贫问题突出。截至2011年，扶贫重点县村有幼儿园、学前班比重为50.9%，南疆三地州为57.5%；村有卫生室比重为70.2%，三地州为71.7%；村有合格乡村医生、卫生员比重为74.1%，三地州为75.9%。人才匮乏，结构性矛盾突出，一方面极其缺乏高端人才、复合型人才、专业型人才、创新型人才、高技能人才，另一方面技术工人也极其短缺，人才总量不足和结构性矛盾非常突出。由于疾病给贫困地区人民的健康造成严重威胁，损害着贫困地区劳动人口的智力和体力。这种低质量的人口状况，消耗掉大量的物质生活资料，造成社会沉重的精神负担和经济负担，更为严重的是它不仅造成现有的劳动力素质低下，还使未来的劳动力素质低下，从而不仅使区域现在缺乏竞争力，还使得区域在未来也缺乏竞争能力，使区域丧失持续发展和赶超的根本动力，阻碍了社会经济发展，延缓了贫困地区脱贫致富的步伐。所以，从一定意义上说，不改善贫困地区人口的健康状况，人口素质就难以提高，生产力就难以发展，脱贫致富的目标也就难以实现。

总之，贫困成因是十分复杂的，有社会、个人方面的因素，也有自然、经济和社会等多方面因素，只有先将致贫原因分析透彻，才能找到有效的方法缓解贫困，促进贫困地区社会经济的全面发展。

4 新疆贫困地区全面建设小康社会差距分析

4.1 贫困地区实现小康社会目标差距分析[1]

4.1.1 测算指标与方法

根据国家统计局制定的《全面建设小康社会统计监测方案》测算和田地区全面实现小康社会进程，此方案从 6 个方面（主要包括经济发展、社会和谐、生活质量、民主法制、文化教育、资源环境），23 项指标（人均 GDP、R&D 经费支出占 GDP 比重、第三产业增加值占 GDP 比重等，详见表 4-2）综合评价全面建设小康社会进展情况。

根据指标评价值计算方法不同，体系中 23 个具体指标又分为正指标、逆指标和区间指标。

（1）正指标的计算公式：

$$y_i = \begin{cases} \dfrac{x_i}{x_{i0}} \times 100\%, \dfrac{x_i}{x_{i0}} < 1 \\ 100\%, \dfrac{x_i}{x_{i0}} \geqslant 1 \end{cases}$$

式中，x_{i0}为标准值；x_i 为实际值；y_i 为 x_i 的评价值。

（2）逆指标的计算公式：

$$y_i = \begin{cases} \dfrac{x_{i0}}{x_i} \times 100\%, \dfrac{x_i}{x_{i0}} < 1 \\ 100\%, \dfrac{x_{i0}}{x_i} \geqslant 1 \end{cases}$$

式中，x_{i0}为标准值；x_i 为实际值；y_i 为 x_i 的评价值。

（3）区间指标计算公式：

$$y_i = \begin{cases} 0, x_i \notin [m_1, m_2] \\ \left(-\dfrac{1}{(q_1 - m_1)^2}x^2 + \dfrac{2q_1}{(q_1 - m_1)^2}x + \dfrac{m_1^2 - 2q_1 m_1}{(q_1 - m_1)^2}\right) \times 100\%, x_i \notin [m_1, q_1] \\ 100\%, x_i \notin [q_1, q_2] \\ \left(-\dfrac{1}{(q_2 - m_2)^2}x^2 + \dfrac{2q_2}{(q_2 - m_2)^2}x + \dfrac{m_2^2 - 2q_2 m_2}{(q_2 - m_2)^2}\right) \times 100\%, x_i \notin [q_2, m_2] \end{cases}$$

---

[1] 本章以和田地区为例。

其中，x_i 表示第 i 个指标的实际值，据表 4-2 可知，$i=5$，6，7，8，10，22 等 6 个区间指标值，$[m_1, m_2]$ 为 x_i 允许的下上限，$[q_1, q_2]$ 为 x_i 的目标区间值，y_i 为 x_i 的评价值。

六个区间指标的目标区间和允许上下界限值分别如下：

（1）失业率（城镇）：目标区间为［0，6］，允许下界限值为 0，允许上界限值为 8；

（2）基尼系数：目标区间为［0，0.4］，允许下界限值为 0，允许上界限值为 0.5；

（3）城乡居民收入比：目标区间为［1，2.8］，允许下界限值为 1，允许上界限值为 4；

（4）地区经济发展差异系数：目标区间为［0，60］，允许下界限值为 0，允许上界限值为 80；

（5）高中阶段毕业生性别差异系数：目标值为 100，允许下界限值为 80，允许上界限值为 120；

（6）耕地面积指数：目标区间为 94 以上，允许下界限值为 90。

总体实现程度和各子系统实现程度均采用综合评价方法。

（1）全面建设小康社会实现程度计算公式为：

$$G = \sum_{i=1}^{23} w_i y_i$$

（2）子系统实现程度计算公式为：

$$G_j = \sum_{i=m_j}^{n_j} w_i y_i \Big/ \sum_{i=m_j}^{n_j} w_i$$

式中，y_i 为 x_i 的评价值，x_i 为实际值，w_i 为权数，G_j 为第 j 个子系统的实现程度，m_j 为第 j 个子系统中第 1 个评价指标在整个评价指标体系中的序数，n_j 为第 j 个子系统中最后 1 个评价指标在整个评价指标体系中的序数。

综合评价程度达到 90% 以上，为基本实现全面小康；综合评价程度达到 100%，表明全部指标达到全面实现小康社会的目标。

4.1.2 和田地区全面实现小康社会进程

根据国家统计局制定的由经济发展、社会和谐、生活质量、民主法制、文化教育、资源环境等 6 大方面，23 项指标组成的全面建设小康社会统计监测指标体系对和田地区的监测结果来看，2012 年和田地区全面建设小康社会实现程度达到 57.7%，比 2009 年提高 5.9 个百分点（见表 4-1），和田地区在全面建设小康社会方面取得了较大进步。

表 4-1 2009~2012 年和田地区全面建设小康社会实现程度 (%)

年 份	2009	2010	2011	2012
全面建设小康社会	51.8	60.1	61.6	57.7
经济发展	50.0	50.1	51.3	39.8
社会和谐	54.0	85.5	83.3	66.3
生活质量	58.4	62.9	64.7	68.1
民主法制	62.6	78.5	81.0	83.8
文化教育	34.7	38.8	42.9	47.7
资源环境	53.2	55.7	58.5	61.5

(1) 经济发展持续增长，实现程度由 2009 年的 50.0% 降低到 2012 年的 39.8%。“经济发展”包括人均 GDP、R&D 经费支出占 GDP 比重、第三产业增加值占 GDP 比重、城镇人口比重和失业率（城镇）五项监测指标，主要反映经济方面的发展情况。监测结果显示，2012 年和田地区在经济发展方面的实现程度为 39.8%，比 2009 年降低 10.2 个百分点，总体实现程度在六大指数中排位最后。

人均 GDP 是一个从总体上反映经济社会发展水平的核心指标。按 2000 年价格计算的 2012 年和田地区人均 GDP 达到 4437 元，同比增长 9.88%，是 2000 年的 2.54 倍，实现程度仅为 14.1%，和田地区经济发展一直处于较低水平。

R&D 经费支出占 GDP 比重用于衡量一个国家或地区科技活动规模、科技活动强度以及科技创新能力。研究表明，该比重低于 1% 的国家或地区，基本处于技术引进与应用层次。虽然和田地区 R&D 经费支出逐年增加，2012 年达到 44.5 万元，是 2000 年的 1.78 倍，且占 GDP 的比重 0.3%，但实现程度为 12%，和田地区科技实力仍然很弱，自主研发能力尚处于较低水平，科研投入亟需加大。

第三产业增加值占 GDP 比重主要反映第三产业发展程度和产业结构的优化程度。大力发展第三产业，提高第三产业比重是实现城市化和工业化进程的必然要求。2012 年和田地区第三产业增加值占 GDP 比重为 49.26%，实现程度 98.5%，但和田地区第三产业增加值虚高，实际发展滞后，产业结构优化程度较低。

城镇人口比重是反映地区城镇化率的主要指标。2012 年和田地区城镇人口比重为 17.23%，实现程度 28.7%，比 2009 年提高 0.82 个百分点，城镇化虽不断推进，但城镇化率始终偏低，实现小康目标任务十分艰巨。

城镇登记失业率反映城镇就业基本情况，2012 年和田地区城镇登记失业率为 2.35%，比 2009 年降低 1.37 个百分点，近年来和田地区城镇登记失业率一直控制在目标范围内，实现程度达到了 100%。

(2) 社会和谐程度在低水平层面逐步改善，实现程度由 2009 年的 54% 提高到2012年的66.3%。“社会和谐”包括基尼系数、城乡居民收入比、地区经济发展差异系数、基本社会保障覆盖率和高中阶段毕业生性别差异系数五项监测指标，主要反映社会发展的协调程度。据监测，2012年和田地区在社会和谐方面的实现程度为66.3%，比2009年提高12.3个百分点，在六大方面监测中实现程度提升幅度较大，但属于低水平、低质量社会和谐状况。从五项监测指标来看，2012年基尼系数实现程度97.5%，比2009年提高9.4个百分点，基尼系数是国际上用来综合考察居民内部收入分配差异状况的一个重要分析指标，和田地区居民收入水平普遍处于较低水平，内部分配差距较小，虽实现程度较高，但是相对指标不反映总量情况，和田地区的收入分配状况距离公平合理还有不小差距。城乡居民收入比用于衡量城乡居民收入差距，自2000年来和田地区城乡居民收入差距有所降低，但实现程度始终为0，实现小康目标可能性极小。地区经济发展差异系数反映各地区之间经济发展差异情况。2012年，和田地区经济发展差异系数监测值为41.82%，由于和田地区各县市经济发展均处于较低水平，虽实现程度达到了100%，但属于低水平均衡状况。基本社会保险覆盖率达到92.93%，实现程度100%。高中阶段毕业生性别差异系数为75.74%，实现程度为0。和田地区民生建设虽取得阶段性成果，但民生状况还需大力改善。

（3）人民生活质量逐渐改善，实现程度由2009年的58.4%提高到2012年的68.1%。“生活质量”包括人均可支配收入、恩格尔系数、人均住房使用面积、5岁以下儿童死亡率和平均预期寿命五项监测指标，主要反映居民生活的发展变化情况。据监测，2012年和田地区在生活质量方面的实现程度为68.1%，比2009年提高9.7个百分点。从五项监测指标来看，居民人均可支配收入是反映居民生活水平和质量的一个最重要的指标。2012年居民人均可支配收入为6181.54（现价），实现程度41.2%，比2009年提高13.5个百分点，近几年进程有所加快，但总体水平依然偏低，不及目标值一半。恩格尔系数实现程度为93.4%，比2009年提高20.6个百分点。人均住房使用面积也是反映生活水平和质量的一个重要指标。近几年，随着安居富民、定居兴牧工程和廉租房、公租房、棚户区改造项目的大力实施，城乡居民居住条件日益改善，人均居住面积由2009年的18.1平方米增加到2012年的19.7平方米，实现程度也由67.0%提高到73.0%，比2009年提高6.0个百分点。5岁以下儿童死亡率用于衡量卫生事业的发展水平。14年以来，和田地区大力发展卫生事业，5岁以下儿童死亡率由2009年的24.3‰下降到2012年的21.83‰，但与12‰的目标值相比，仍有一定的差距，实现程度为55.0%。

（4）民主法制逐步完善，实现程度由2009年的62.6%提高到2012年的83.8%。“民主法制”包括公民自身民主权利满意度和社会安全指数两项监测指标。根据监测结果和合理计算，2012年和田地区在民主法制方面的实现程度为

83.8%，比2009年提高21.2个百分点。由于缺乏调查基础资料，所采用的2011年公民自身民主权利满意度监测数据与自治区保持一致，再根据科学推算，2012年实现程度估计为93.0%，比2009年提高3个百分点；从社会治安、交通安全、生活安全和生产安全四个方面综合来计算的社会安全指数，2012年实现程度估计达76.2%，比2009年提高36.4个百分点。

（5）文化教育发展缓慢，实现程度由2009年的34.7%提升到2012年的47.7%。“文化教育”包括文化产业增加值占GDP比重、居民文教娱乐服务支出占家庭消费支出比重和平均受教育年限三项监测指标，主要反映文化教育方面的发展情况。2012年和田地区文化教育实现程度由2009年的34.7%提高到47.7%，比2009年提高13.0个百分点。从三项监测指标来看，和田地区文化产业增加值占GDP比重实现程度仅19.7%，比2009年提高4.2个百分点；居民文教娱乐服务支出占家庭消费支出比重实现程度52.3%，比2009年提高21个百分点；平均受教育年限反映15岁及以上人口接受学历教育的程度，实现程度为74.2%，比2009年提高20.3个百分点。和田地区文化教育发展缓慢，距离小康社会目标差距较大。

（6）资源环境保持良性循环，实现程度由2009年的53.2%提高到2012年的61.5%。“资源环境”包括单位GDP能耗、耕地面积指数和环境质量指数三项监测指标，主要反映资源利用状况和环境保护成果。2012年和田地区资源环境方面的实现程度为61.5%（见表4-2），比2009年提高8.3个百分点。从三项监测指标来看，环境质量指数实现程度较低，实现程度为59.1%，比2009年提高14.1个百分点；2012年单位GDP能耗1.83吨标准煤/万元（不变价，下同），实现程度为45.9%，比2009年提高3.9个百分点；和田地区耕地面积保有量基本保持稳定，耕地面积指数实现程度100%。

表4-2 2012年和田地区全面建设小康社会实现程度监测表

指标名称	权重	2020年目标值	实现程度
小康社会实现程度			57.7%
一、经济发展	29%		39.8%
人均GDP	12%	≥31400元	14.1%
R & D经费支出占GDP比重	4%	≥2.5%	12.0%
第三产业增加值占GDP比重	4%	≥50%	98.5%
城镇人口比重	5%	≥60%	28.7%
城镇登记失业率	4%	≤6%	100.0%
二、社会和谐	15%		66.3%
基尼系数	2%	≤0.4	97.5%
城乡居民收入比（以农为1）	2%	≤2.8	0

续表 4-2

指 标 名 称	权重	2020 年目标值	实现程度
地区经济发展差异系数	2%	≤60%	100%
基本社会保险覆盖率	6%	≥90%	100%
高中阶段毕业生性别差异系数	3%	=100%	0.0%
三、生活质量	19%		68.1%
居民人均可支配收入	6%	≥15000 元	41.2%
恩格尔系数	3%	≤40%	93.4%
人均住房使用面积	5%	≥27 平方米	73.0%
5 岁以下儿童死亡率	2%	≤1.2%	55.0%
平均预期寿命	3%	≥75 岁	97.3%
四、民主法制	11%		83.8%
公民自身民主权利满意度	5%	≥90%	93.0%
社会安全系数	6%	≥100%	76.2%
五、文化教育	14%		47.7%
文化产业增加值占 GDP 比重	6%	≥5%	19.7%
居民文教娱乐服务支出占家庭消费支出比重	2%	≥16%	52.3%
平均受教育年限	6%	≥10.5 年	74.2%
六、资源环境	12%		61.5%
单位 GDP 能耗	4%	≤0.84 吨标准煤/万元	45.9%
耕地面积指数	2%	≥94%	100%
环境质量指数	6%	≥100%	59.1%

注：由于缺乏测算基础数据，基尼系数、恩格尔系数、平均预期寿命、公民自身民主权利满意度等相关指标与自治区基本保持一致。

4.2 现有发展模式下小康社会目标实现的可能性分析

4.2.1 贫困地区全面实现小康社会基本展望

根据全面建设小康社会统计监测结果，和田地区全面建设小康社会进程稳步推进，2012 年，实现程度达到 57.7%，但要与全疆和全国同步进入全面小康社会，始终面临难以克服的巨大困难与挑战。和田地区作为欠发达地区，到 2020 年和全国一道建成全面小康社会存在较大困难，可能性极低（如图 4-1 所示）。

和田地区全面建设小康社会的进程已过去 13 年，还剩下 7 年时间，按照国家统计局的统一方案监测显示，2011 年，和田地区全面小康社会总体实现程度

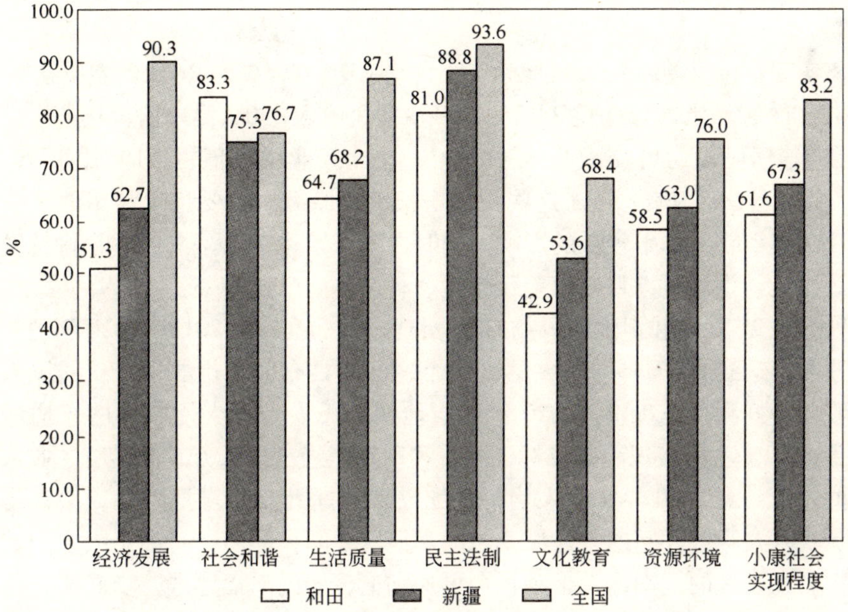

图 4-1 2011 年和田地区、新疆和全国全面建设小康社会实现程度情况

达到 61.6%，比 2009 年提高 14.7 个百分点，与全国和全疆比较差距呈缩小趋势，但从总体进程看，和田地区小康社会总体实现程度远低于全国、全疆平均水平，分别相差 21.6、5.7 个百分点。其中在不同领域进展发展不平衡现象突出，与全国平均水平相比，差距最大的是经济发展，相差 39 个百分点，差距最小的是民主法制，相差 12.6 个百分点，其他依次为文化教育低 25.5 个百分点、生活质量低 22.4 个百分点、资源环境低 17.5 个百分点。与全疆平均水平相比，差距最大的仍然是经济发展，相差 11.4 个百分点，其他依次为文化教育低 10.7 个百分点、社会和谐低 9.2 个百分点、民主法制低 7.8 个百分点、资源环境低 4.5 个百分点。综上所述，发展经济和民生建设依然是和田地区全面小康社会建设的重中之重。

根据和田地区测算结果显示，到 2012 年，已经达到小康目标的指标有 4 个，包括城镇登记失业率、地区经济发展差异系数、基本社会保险覆盖率、耕地面积指数，但是由于测算精度和基础数据准确性影响，这些指标存在高估现象，指标所反映的经济社会问题所面临的挑战与不确定仍然较大。

目前尚未达到目标值，如果能保持目前的发展趋势预计可以实现或接近目标值的指标有 5 个：包括第三产业增加值占 GDP 比重、基尼系数、恩格尔系数、平均预期寿命、公民自身民主权利满意度。其中，由于基尼系数、平均预期寿命、公民自身民主权利满意度等相关指标与自治区基本保持一致，第三产业增加值占 GDP 比重和恩格尔系数按预期能实现目标，但是仍存在虚高现象，形势并不乐观。

离实现目标值差距较大的指标有：人均 GDP 14.1%，R&D 经费支出占 GDP 比重 12.0%，城镇人口比重 28.7%，城乡居民收入比 0，高中阶段毕业生性别差异系数 0，居民人均可支配收入 41.2%，文化产业增加值占 GDP 比重 19.7%，单位 GDP 能耗 45.9%。造成这些指标增长慢的原因，主要是受和田地区经济发展滞后和城乡收入水平较低的影响，同时由于城镇化率低、文化教育科技发展缓慢，致使上述指标距离目标值差距较远。

如果到 2020 年和田地区人均 GDP 实现小康标准，则 2013 ~ 2020 年的年均实际增速需要达到 21.71%，而要达到这个速度，具有极大挑战性。从居民人均可支配收入目标测算，2013 ~ 2020 年和田地区居民人均可支配收入的年均增速需要达到 6.92% 才能实现小康目标。随着和田地区经济增长方式的转变、收入分配制度的改革，到 2020 年实现人均可支配收入目标具有一定把握性，关键是要着力解决收入差距过大问题，让城乡之间、地区之间、部门之间和个人之间的收入差距控制在合理的范围内，推动社会更加和谐，居民幸福感进一步提高。到 2020 年，实现难度较大或者具有较大不确定性的指标有：人均 GDP、城镇人口比重、城乡居民收入比、居民人均可支配收入、文化产业增加值占地区生产总值比重、居民文教娱乐服务支出占家庭消费支出比重。

4.2.2 推进贫困地区全面小康建设的难点

和田地区在全面建设小康社会方面取得了突出成绩，如经济发展稳步增长，实力进一步提升；统筹发展、社会保障得到加强，社会和谐不断完善；民生建设显现成效，居民生活质量逐渐提高；民主法制建设不断巩固，环境保护、节能减排取得进展。

但仍存在一些亟待解决的问题，主要有产业结构不尽合理，工业化和城镇化水平有待提高，经济发展后劲仍显不足；城乡差距、地区差距较大，经济实力较弱；就业形势严峻，农民收入增长缓慢，部分群众生活还较困难；经济发展的体制性障碍仍未根除，市场经济秩序有待进一步整顿和规范；社会事业发展仍需加大力度；有些地区社会治安问题仍比较突出。

未来几年，和田地区在推进全面小康建设任务中仍面临如下难点问题：

（1）产业结构不合理，经济发展能力弱制约全面小康社会建设。近年来和田地区经济发展虽然较快，但经济总量较小，基础薄弱，经济增长始终依赖投资拉动，消费拉动经济增长贡献弱，经济持续快速发展乏力。从产业结构看，第一产业发展缓慢而且脆弱，没有摆脱靠天吃饭的局面；第二产业技术层次低，总体竞争力不强；第三产业发展滞后，带动后劲不足。同时由于科技投入少、企业自主创新机制尚未形成，全区经济发展一直受科技进步缓慢严重制约，和田地区亟待加大经济结构调整和转变发展方式。2012 年，三次产业结构配比为 30.1：18.2：51.7，为两头大中间小的“哑铃”式结构，产业层次较低，结构极不合理。农业在地区产业发展中仍处于主导地位，农业发展水平不高，抵御自然灾害能力弱，农民收入来源单一，收入结构极不合理。2012 年来自三次产业的收入分别占当年农牧民人均纯收入的 64.15%、5.18%、6.13%。第二产业占比仍然较低，其中工业仅占 7.8 个百分点，规模以上工业企业仅有 18 家，占全疆规模以上工业企业总数的 0.92%，工业发展处于起步阶段，资源依赖型特征明显，多为初级产品，附加值低。第三产业虚高，行政性支出占比较大，服务业层次低，发展仍然滞后。2001 ~2012 年和田地区主要经济指标见表 4-3。2012 年和田地区各县市主要经济指标见表 4-4。

表 4-3 2001 ~2012 年和田地区主要经济指标

年份	生产总值（亿元）	全社会固定资产投资（亿元）	公共财政预算收入（亿元）	社会消费品零售总额（亿元）	城镇人均可支配收入（元）	农村居民人均纯收入（元）
2001	30.89	7.19	1.36	5.32	6087.34	842
2002	33.65	13.13	1.43	5.51	6884.04	864.41
2003	37①	15.68	1.66	5.68	6580.2	961.11
2004	42.98	20.48	2	12.09	7080.65	1133.01
2005	48.78	28.42②	2.34	9.56	7589.84	1296.41
2006	55.34	32.49②	2.72	12.12	8074.19	1417.29
2007	63.7	43.5②	3.18	14.22	9830.05	1757.45
2008	74.52	57	3.82	16.46	10788.49	2070.49
2009	88.58	76.11	4.5	18.49	11552.4	2318.37
2010	103.5	84.34	6.31	20.34	12743.3	2633.07
2011	126.99	120.83	9.32	22.91	14652.74	3554.92
2012	147.29	151.21	11.18	25.63	17160.93	4260.03
年均增速	12.82%	31.32%	19.69%	12.95%	5.59%	13.58%

数据来源：历年《新疆统计年鉴》，城镇人均可支配收入来自历年和田地区统计公报。

①无年鉴数据，选用和田地区统计公报数据；

②为当年和田地区城镇固定资产投资。

表 4-4 2012 年和田地区各县市主要经济指标

序号	指 标	单位	和田地区	和田市	和田县	墨玉县	洛浦县	于田县	策勒县	皮山县	民丰县
1	生产总值	亿元	147.29	38.27	19.08	25.36	15.71	15.48	11.12	16.03	6.23
	人均 GDP	元	7015	6489	6827	4741	6225	6014	7135	5984	16442
	第一产业增加值	亿元	45.72	3.24	7.51	11.68	4.93	5.32	4.19	7.61	1.24
	第二产业增加值	亿元	29.01	12.82	4.20	2.18	2.66	1.87	1.43	2.40	1.35
	第三产业增加值	亿元	72.56	22.22	7.37	11.50	8.12	8.29	5.49	6.03	3.64

续表 4-4

序号	指　标	单位	和田地区	和田市	和田县	墨玉县	洛浦县	于田县	策勒县	皮山县	民丰县
2	土地面积	万亩	37371.99	74.38	6131.52	3843.60	2143.05	5868.92	4701.39	5972.96	8636.17
	耕地面积	万亩	265.85	16.18	36.26	53.48	33.78	46.57	25.48	44.80	9.30
	人均耕地面积	亩	1.25	0.49	1.30	0.99	1.34	1.81	1.63	1.66	2.45
3	总人口	万人	212.34	33.10	27.95	53.86	25.24	25.74	15.63	27.03	3.79
	农村人口	万人	142.43		21.94	46.19	21.05	18.78	12.72	19.45	2.30
	少数民族人口	万人	204.87	29.41	27.78	52.29	24.74	25.26	15.36	26.63	3.43
	少数民族人口占总人口的比重	%	96.48	88.84	99.38	97.08	98.00	98.12	98.24	98.51	90.47
	人口自然增长率	%	1.209	0.509	2.113	0.176	2.668	2.219	0.941	1.111	0.756
4	全社会固定资产投资	亿元	151.21	40.09		24.50	15.44	16.50	11.30	11.68	5.33
	社会消费品零售总额	亿元	25.63	12.46	1.61	3.17	1.85	2.21	1.86	1.66	0.80
5	公共财政预算收入	亿元	11.18	3.81	1.22	1.50	0.76	0.84	0.63	1.04	0.66
	人均公共财政预算收入	元	526.71	1151.45	435.28	278.52	299.84	325.14	401.92	385.61	1739.31
6	城镇居民人均可支配收入	元	17160.93			16000.00					
	农村人均纯收入	元	4260.03	4545.00		3671.70	3875.08	3795.00	3643.00	3845.00	4556.34

数据来源：《2013 年新疆统计年鉴》；土地面积为国土资源厅 2008 年数据；地区数据均来自《新疆统计年鉴》；各县市收入指标来源于各县市 2012 年统计公报《墨玉县统计年鉴 2013》、《和田地区盐碱地情况报告》。

从监测结果看，2012 年全区经济发展实现程度为 39.8%，其中人均 GDP 实现程度为 14.1%，R&D 经费支出占 GDP 比重实现程度为 12.0%，经济发展距实现小康目标有较大差距；第三产业增加值占 GDP 比重虽为 98.5%，但由于 GDP 总量小，第三产业增加值虚高，其发展水平严重滞后。从目前发展预测，和田地区经济发展指标于 2020 年全面实现小康社会目标可能性很小。

（2）发展相对滞后，差距不断拉大。和田地区经济社会发展相对滞后，主要经济社会发展指标在全疆排名靠后，特别是人均 GDP 指标多数均为全疆倒数第一，与新疆甚至南疆四地州等其他地州相比发展的差距不断扩大。2012 年和田地区生产总值 147.29 亿元（见表 4-5、表 4-6），仅占全疆生产总值的 0.02%，位居全疆倒数第一；人均 GDP 生产总值 6927 元，刚刚超过 1000 美元（1097 美元），比全国、全疆滞后十几年；人均固定资产投资 7206 元，只有全国的 26%、全疆的 25.7%，投资强度弱，发展后劲不足；工业化率仅为 8%，只有全国的 20.8%、全疆的 20.6%，工业化处于启蒙期或初期阶段，基础十分薄弱；人均公共财政预算收入仅为 618.73 元，为全疆平均水平 4811 元的 12.86%，财政自给率仅为 7.4%；人均财政支出全疆最低，2012 年和田地区财政支出 151.25 亿元，人均支出7123元，只有全国的76.7%、全疆的54.6%，公共财政对地方发展的支撑力度相对较弱；人均消费品零售额1207元，只有全国的7.7%、全疆的15%，一定程度上反映出群众生活水平低下，消费对经济增长的拉动力严重不足；经济外向化程度偏低，外贸进出口额占GDP的比重仅为0.32%，外向型经济拉动力微乎其微；农牧民人均纯收入4260元，为全疆平均水平6394元的66.7%，在南疆四地州中排名倒数第二，仅略高于克州；城镇化率为17.2%，低于全疆平均水平，比喀什、克州分别低5.5和13.4个百分点。新一轮对口援疆，北京、天津、安徽三省市对和田地区五年的援疆资金达到108亿元，占19个援疆省市援助资金总量的16.7%，但人均援疆资金5086元却为南疆三地州中最低的，比喀什、克州分别低936元和122元。按照和田地区的发展现状，若保持与全疆平均水平一致的发展速度，差距将会进一步拉开。

表4-5 2012年和田地区经济社会发展相关指标对比

地区	人均GDP（元）	城镇化率（%）	工业化率（%）	投资占GDP比重（%）	进出口占GDP比重（%）	人均财政支出（元）	人均固定资产投资（%）	人均消费品零售额（元）	地方财政自给率（%）
全国	38354	52.6	38.5	72.1	47.0	9284	27671	15532	100
新疆	33909	44.0	38.9	83.1	21.1	13792	28030	8057	40.6
和田	6927	17.2	8.0	105.2	0.32	7123	7206	1207	7.4
喀什	12817	22.7	15.7	96.7	13.1	7555	12049	2661	16.1
克州	10946	30.6	13.5	116.9	26.8	13346	12809	2083	12.2

数据来源：《新疆统计年鉴》、《和田统计年鉴》。

表4-6 和田地区主要经济指标在全疆及南疆四地州的排位情况

序号	指标	在全疆十二个地州排位			在南疆四地州排位		
		2000年	2009年	2012年	2000年	2009年	2012年
1	GDP	10	11	11	3	3	3
	人均GDP	12	12	12	4	4	4
2	总人口	5	4	4	3	3	3
	城镇人口占总人口的比例	12	12	12	4	4	4
	人口自然增长率		3	3		3	3
3	全社会固定资产投资	11	10	11	3	3	3

续表 4-6

序号	指　标	在全疆十二个地州排位			在南疆四地州排位		
		2000 年	2009 年	2012 年	2000 年	2009 年	2012 年
4	规模以上工业企业工业总产值	11 *	11	12	3 *	3	4
5	社会消费品零售总额	11	10	10	3	3	3
6	进出口总额	9	12	12	2	4	4
7	公共财政预算收入	11	10	10	3	3	3
	公共财政预算支出	5	5	4	3	3	3
8	每万人床位数	11	5	6	3	2	2
	平均每万人医生数	12	12	12	4	4	4
	卫生技术人员	7	7	6	3	3	3

数据来源：《新疆统计年鉴》；标“*”号数据为当年工业总产值的排名。

其中，和田地区居民收入小康实现程度处于较低水平，居民人均可支配收入在全面小康建设中赋予权重达6%，保持农民持续增收也一直是各级政府的重要工作目标之一。虽然近几年和田地区严格贯彻执行中央“一号文件”，加大强农惠农政策，倾力“三农”发展，在落实国家各类补贴政策的基础上，又出台一系列惠农政策，扩大良种补贴范围，增加购置农机具补贴额度，促进了农民收入的增长，在一定程度上推动了农村全面建设小康进程。但从目前形势看，农民持续增收难度较大。和田地区经济结构性矛盾突出，城乡发展一体化的新体制新机制亟待健全完善；农村产业化发展水平低，农产品加工转化能力和农业社会化服务能力滞后，农业农村基础仍然薄弱，难以对农民收入形成推力，对农牧民增收贡献不高，农牧民增收渠道狭窄，增收动力不足。同时，全地区城乡居民收入差距呈不断扩大趋势，部分边远山区农牧民和城市低收入群众生活仍然十分困难。农业生产资料价格上涨，农业生产成本不断增加，不仅抵消了部分农产品价格的上涨和粮食直补等政策给农民带来的实惠，在一定程度上抑制了农民的生产积极性，使家庭经营收入保持稳定增长的难度较大。这些都制约着农牧民收入的快速增长，影响到和田地区全面建成小康社会总体目标的实现。

农村生活环境改善困难较大。居民生活质量指标是衡量全面小康的重要标志，占到19%的权重。近年来，虽然各级政府加大了对基础设施建设的投资力度，但由于和田地区长期以来经济相对落后，农村居民生活环境较差，特别是贫困地区较多，生存条件和生活环境依然十分落后。目前和田地区农村人口饮水安全问题没有得到彻底解决，农村公路建设滞后，农村居民的生活环境尚需付出极大的努力；同时水利交通电力等重大基础设施建设水平落后，严重制约了居民生活质量的进一步提高。因此，和田地区尤其是农村地区同步实现全面建设小康社会目标任务艰巨。

（3）社会事业发展相对落后，保障和改善民生任务重大。与全面建设小康社会的最终目标相比，和田地区文化教育发展还有不小差距。在综合评价体系中，平均受教育年限指标占有6%的权重。虽然近几年随着免费教育和“两免一补”政策的实施，和田地区也加大了对中小学教育设施的投入力度，但由于受贫困人口多、观念落后等因素的影响，收效甚微，人口平均受教育年限的实现程度为74.2%，距离全面小康还有25.8%。要提高这个指标值难度很大，一是部分偏远农村中小学教学条件落后，缺乏必要的教学实验设备，加之教师整体素质不高，“双语”教师、优秀教师匮乏，影响了农村教育事业的发展；二是农村老龄化速度加快，农村较高文化素质的劳动力大量流向城市，大学生返乡就业较少，地区平均受教育年限提升的难度加大。

2012年，和田地区文化产业增加值占GDP比重实现程度只有19.7%，较2009年的16.6%增长了3.1个百分点，离目标值差距甚远。居民文化娱乐服务支出占家庭消费支出比重（实现程度52.3%）也远未达标，还需要经过不断努力才能最终实现。这就要求和田地区继续加大教育经费投入、优化教育资源配置，彻底扭转教育事业基础薄弱的不利局面。同时，要逐步加大文化产业投入，努力提升文化产业增加值占GDP比重。

（4）城镇化水平低，劳动力就业不充分。和田地区城镇化进程相对滞后，也是制约其全面建设小康社会的一个重要因素。2012年和田地区城镇化水平仅为17.23%，实现程度为28.7%，离60%的目标还有较大差距。和田地区城镇化水平较低且布局较分散、规模较小，难以产生高度极化的辐射及集聚效应，也无法起到承接城市辐射、带动乡村和县域经济发展的作用。劳动力就业结构非农化和农村人口城镇化进程是反映城乡社会经济统筹发展状况的重要指标。

和田地区是个农业地区份，农村人口比重偏大，劳动力就业不充分，主要表现在以下几方面，一是农村劳动力总量大且逐年增加，全地区城镇经济和产业基础较差，二、三产业发展相对滞后，本地企业吸纳劳动力能力趋弱；二是城镇就业空间相对较小，农村劳动力在城镇就业的难度较大；三是农村劳动力素质不高，就业能力比较低。和田地区是典型的以农业为主的贫困地区，一产对农牧民增收贡献不高，工业化水平较低，拉动就业的能力非常有限，二产就业仅占就业总数的11.7%。全地区有超过60.46万的城乡富余劳动力、失地农民未实现稳定就业，占地区总人口的28.3%，其中，城镇未就业人口2.2万人、农村富余劳动力58.3万人，主要为30岁以下的初高中毕业生。劳动者素质普遍偏低，且受文化层次、技能水平、通用语言、传统习惯、就业观念、社会心理等因素影响，不愿意离土离乡、外出务工、到企业就业，农村富余劳动力转移就业难度较大。由于劳动力基数过大，人口增长较快，就业压力不断加大，失业人员的数量仍在持续增加，就业形势非常严峻，已成为当前和田地区社会和谐稳定的隐患。边远山区农牧民和城市低收入群众生活仍然十分困难。全地区城乡居民收入差距呈不断扩大趋势，两者差距绝对值由 2005 年的 6252.84 元扩大到 2012 年的 13264.93 元。

（5）社会稳定形势严峻，制约经济社会发展。和田地区社会稳定形势严峻，是全疆反分裂的前沿阵地，反分裂斗争形势复杂艰巨。

5 新疆贫困地区发展的有利条件与不利因素

5.1 有利条件

5.1.1 资源优势

5.1.1.1 水土光热资源丰富

新疆部分贫困地区水土光热资源较为丰富，如南疆三地州地域广阔，国土面积46.11万平方千米，占到新疆国土总面积的27.70%。河流分布较多，三地州水资源总量199.16亿立方米，占到新疆水资源总量的26.40%。三地州光照充足，热量丰富，光热资源列全疆之冠。平原区年总辐射量0.160~0.176千瓦时/平方厘米，仅次于青藏高原。独特的气候和广袤的土地为南疆三地州特色农业、水能和太阳能光伏等产业发展提供了有利条件。

5.1.1.2 矿产资源开发前景广阔

新疆部分贫困地区矿产资源较为丰富，如国家17个边境贫困县，矿产种类较为齐全，石油、天然气、煤、金、铬、铜、镍等稀有金属、盐类矿产、非金属矿产等种类多、蕴藏丰富、开发前景广阔。如伊犁州察布查尔县煤炭预测储量1500亿吨，石灰石探明储量10亿吨；塔城地区3个扶贫开发重点“十二五”期间煤炭远景储量超过2000亿吨，黄金远景储量达500吨，铬矿总储量约250万吨；其他地区煤炭、石油、天然气、各种稀有有色金属、玉石等资源种类也较丰富。另外，南疆三地州位于昆仑山系成矿带，矿产资源种类多，储量丰富。克州、喀什地区已探明拥有较大储量的铁矿、铜矿和铅锌矿，喀什地区、和田地区的煤、天然气、石油等储量也较为丰富。随着今后开发技术的升级，矿产资源开发和深加工将成为带动地方经济发展的重要力量。

5.1.1.3 旅游资源得天独厚

新疆大多贫困地区具有较为丰富的旅游资源，如17个边境贫困县主要位于阿尔泰山、天山、昆仑山、帕米尔高原边缘或腹地，自然景观雄奇博大，自古以来就是多民族聚居区，又是古丝绸之路要冲，东西方文化交汇，文化积淀深厚，民族风情浓郁，人文旅游资源丰富。源自克州阿合奇县的玛纳斯史诗、和布克赛尔蒙古自治县的江格尔史诗是我国三大民族史诗之一，也是人文旅游资源的代表典范，不仅是研究柯尔克孜族、蒙古族语言、历史、民俗、宗教的百科全书，更是世界著名的口头文学遗产。边境地区绚丽多彩的自然景观、民族文化艺术和风情习俗，构成了具有浓郁民族特色的旅游资源，发展前景好，开发潜力大。南疆三地州自然景观多姿多彩，旅游景观独占天山、昆仑山、帕米尔高原、塔里木盆地四大自然景观。南疆三地州又是古代丝绸之路的交通要道，荟萃了东西方文化文明，具有浓郁的西域特色，已形成丝路文化、玉石文化、刀郎文化、木卡姆文化等地域文化，拥有玛纳斯弹唱、古人类遗址、佛教遗址等宝贵的文化遗产。独特的人文和自然景观使多数贫困地区成为自治区重要的旅游目的地之一。

5.1.1.4 人力资源丰富

新疆贫困地区具有较为丰富的人力资源，如南疆三地州总人口651.93万人，占全疆总人口的29.89%，其中农业人口524万人，占到南疆三地州总人口的80.3%，大量人口形成了南疆三地州丰富的劳动力资源。尤其是大量农村剩余劳动力的转移就业，为南疆三地州今后产业发展带来了劳动力成本优势。

5.1.2 区位优势

新疆贫困地区具有较为优越的区位优势，其中17个边境贫困县与中亚、西亚、南亚等8国接壤，是我国通向中亚、西亚、南亚乃至欧洲市场的重要门户，拥有国家一类陆路口岸8个，占全疆国家一类陆路口岸总数的47.1%，具有独特的地缘优势，是我国向西开放和构建丝绸之路经济带的重要窗口，能源资源进口的国际大通道，具备发展外向型产业的基础。南疆三地州分别与塔吉克斯坦、阿富汗、巴基斯坦、吉尔吉斯斯坦、印度等5个国家接壤，有红其拉甫、吐尔尕特、伊尔克什坦、卡拉苏、国际航空港、新怡发国际商贸城等5个一类口岸和1个二类口岸对外开放，是我国面向中亚、南亚等各国开放的重要门户和向西开放的重要通道，具有“五口通八国、一路连欧亚”的区位优势，为南疆三地州加快发展外向型产业带来了便利。

5.1.3 政策优势

5.1.3.1 中央新疆工作座谈会为贫困地区发展带来新契机

党中央、国务院从战略全局高度关注新疆发展稳定问题，继国务院出台32号文件之后，中央新疆工作座谈会又出台一系列重要政策措施，安排部署中央各部委及19省市对口援疆，举全国之力推进新疆跨越式发展和长治久安。自治区党委八届四次、六次全委（扩大）会议、自治区第八次党代会对扶贫开发战略重点、重大措施进行了全面安排，启动了安居富民和定居兴牧两大扶贫工程。国务院扶贫办与自治区人民政府联合召开新疆扶贫开发工作会议，出台了《全面推进新疆扶贫开发工作的指导意见》，正式启动了新疆边境扶贫扩大试点工作，新疆扶贫开发有了良好的局面。在以工促农、以城带乡的政策背景下，扶贫开发呈现出专项计划与惠农政策、社会各界扶贫相结合、互为支撑的新局面，全国对口支援新疆进一步增强了扶贫开发的合力，一个集行业政策、区域政策、社会政策于一体的“大扶贫”格局已经形成，新疆扶贫开发有着更加有利的基础。

中央新疆工作座谈会中将南疆三地州发展上升为国家战略，提出了新一轮对口援助计划，并出台了设立喀什经济开发区的重要决策。这一系列举措进一步扩大了国家和对口援疆省区对贫困地区在资金、人次、技术、项目建设上的支持力度，为贫困地区基础设施建设、特色优势产业发展、民生改善等提供了良好的政策平台，必将有效带动贫困地区经济的快速发展。

5.1.3.2 “两带两区”发展战略布局有力地促进了贫困地区经济快速发展

自治区“十二五”规划“两带两区”发展战略布局提出率先发展天山北坡经济带和天山南坡产业带、扶持发展南疆三地州贫困地区和沿边高寒地区。为实现保障和改善民生、增强贫困地区自我发展能力的目标，自治区将进一步加大对贫困地区扶持力度，这将有力地促进贫困地区新型工业化、农牧业现代化、新型城镇化发展和对外开放取得较大突破。

5.1.3.3 新疆扶贫开发不断发展完善，经验不断丰富成熟

在《中国农村扶贫开发纲要（2001～2010年)》实施过程中，新疆扶贫开发工作不断得到发展和完善，探索和积累的经验不断丰富和成熟。新疆打破既有的思维模式，打破惯有的方法手段，积极创新扶贫理念，探索扶贫开发新路子。在集中连片开发、边境扶贫、山区扶贫、到户和扶贫龙头企业贴息、互助资金等方面都取得了一系列创新经验。经过《中国农村扶贫开发纲要（2001—2010年)》评估总结，这些经验必将在今后的扶贫开发中发挥出巨大作用。

阿合奇边境扶贫模式。阿合奇县是新疆典型的边防大县，也是国家级贫困县，这里地少人多、基础设施差。经过3年试点，新疆在扶贫开发中摸索出一套“阿合奇边境扶贫模式”，即一线守边、二线固边、三线服务的“三线联动”，成为边境扶贫试点的重要经验。目前，新疆正在17个边境扶贫重点县的试点中，充分运用发展这一机制。

整村推进、连片开发扶贫攻坚模式。新疆在加快山区扶贫攻坚模式探索中形成了以哈密地区为经验的整村推进、连片开发扶贫攻坚模式。2012年，哈密地区安排12个重点村实施“整村推进”扶贫计划，整合各类资金近4亿元，围绕

安居房建设、乡村道路、安全饮用水和公共服务等事关民生的重点工程，集中实施了 92 个项目。当年稳定解决了 2020 户 7150 名贫困人口的温饱问题，12 个“整村推进”村农牧民年人均收入达到 7800 元，人均增收 2200 元，增幅达 35%，大大超过了县市农牧民年人均收入平均增幅。

山区特困村扶贫攻坚工程。自 2011 年起，自治区每年从财政扶贫资金当中拿出 2.9 亿元，用于 299 个山区特困村扶贫攻坚工程的实施。在实施过程中，自治区扶贫办根据海拔高度、气候特征、耕地坡度、经济与社会发展现状等综合指标对 299 个山区贫困村进行了科学的界定，并以专项扶贫资金项目为引领，聚合行业扶贫、社会扶贫、援疆扶贫的力量，集中实施以现代畜牧业、特色种植业、特色手工业、住房建设、基础保障、能源建设、旅游资源开发、生态资源保护、人力资源培训等 9 大工程，其中产业发展项目占 65% 以上。

“四位一体”扶贫。2012 年，新疆在专项扶贫、行业扶贫、社会扶贫、援疆扶贫“四位一体”大扶贫力量的支持下，贫困地区区域经济发展的差距进一步缩小。据不完全统计，2012 年新疆各类资金投向贫困地区总量达 200 多亿元。新疆减少农村低收入人口超过 30 万人，实施整村推进规划 370 个贫困村，贫困地区农牧民年人均纯收入增加 600 多元，贫困地区人均财政收入和人均 GDP 的增幅均超过新疆平均水平。

新疆从建档立卡到两项制度的有效衔接，在全国率先解决了扶贫对象的识别瞄准和动态管理问题；边境扶贫试点开创了“三线联动”和军警民联防联控的新模式新机制，为国家边境扶贫提供了新鲜而成熟的经验；集中连片开发、山区扶贫搬迁试点，建立了以专项扶贫为主体、融合行业扶贫和社会扶贫政策的运行新机制，使财政扶贫资金产生了倍数效应。特别是在财政专项扶贫资金管理和使用方面，确立龙头拉动、效益覆盖的理念，深化扶贫信贷体制改革，加大财政贴息力度，推进贫困村互助资金试点，开创了解决贫困地区农村金融供给困难的新局面，使财政扶贫资金发挥出了“四两拨千斤”的作用。正是这些探索和实践，使新疆扶贫开发工作充满了活力和动力。

5.2 不利因素

5.2.1 自然环境恶劣，耕地资源匮乏

新疆贫困地区大多自然环境恶劣，耕地资源较为匮乏。如 17 个边境贫困县水资源时空分布不均，普遍存在自然缺水、结构缺水及工程性缺水。塔城地区托里县、裕民县、和布克赛尔县全年 60% 的来水集中在 4 ~ 6 月，因无终年积雪和冰川调节，多数河流为季节性河流，春季有水，夏季断流，造成夏秋季干旱缺水。阿勒泰地区吉木乃县无一条常年性河流，年降水量 120 毫米左右，蒸发量 2870 毫米，是全疆地表水资源最少的干旱贫水县；同属阿勒泰地区的青河县境

内虽有 5 条河流，水资源丰富，但由于河床极低，水资源无法有效利用。和田地区和田县来水量分布极不均匀，每年夏季 6 ~8 月的山洪水量一般占全年来水量的 70% ~80%，由于缺乏山区控制性水利工程，到春秋季农业用水却极为紧缺。另外，多数贫困县耕地贫瘠，优质土地资源较少，荒漠化、沙化、盐渍化耕地占比较高。南疆三地州境内大部分地区是沙漠、戈壁和山地，绿洲面积不足 5%，特殊的地形结构和地理位置形成了严酷的荒漠环境，气候干旱，年均降水量不足 80 毫米，年均蒸发量却高达 2400 毫米以上。受自然环境影响，南疆三地州土壤盐碱化和沙化严重，土地盐碱化程度超过 40%，大量的中低产田极大地限制了农业生产效益的提升，制约了农业的快速发展。此外，南疆三地州耕地不足的矛盾十分突出，人口过快增长导致有限的耕地承载了大量的人口，人均耕地不足 2 亩，其中和田地区不足 1.2 亩。

5.2.2 地域封闭，与周边区域的经济联系难度大、成本高

新疆贫困地区大多处于较为封闭的区域，如南疆三地州南面是昆仑山，北边是大沙漠。南疆三地州地处偏远，交通不便，和田市、喀什市和阿图什市到乌鲁木齐市的平均运距 1464 千米，距离我国东部沿海发达地区更是数千里之遥。尤其是和田地区，遥远偏僻，信息闭塞，与外界沟通、联系、交流不畅。地理上的阻隔，加上其他因素的影响，使得南疆三地州在地域上相对封闭，成为一个经济上分散单一的“孤岛”，与周边区域的经济联系难度大、成本高。

新疆的边境贫困县大多处于偏远地带，远离大中城市，如南疆三地州 9 个重点县市距首府乌鲁木齐都在 1500 千米左右。各县市贫困村主要分布在高寒山区和偏远地区，贫困村平均距县城距离 39.76 千米，22.98% 的贫困村距县城距离在 50 千米以上，11.51% 的贫困村距县城距离在 100 千米以上；平均距最近车站距离 25.81 千米，40.95% 的贫困村距最近车站在 10 千米以上；平均距最近集市 20.65 千米，27.57% 的贫困村距最近集市在 10 千米以上；平均距最近邮局 18.79 千米。由于自然地理环境的复杂和封闭性的影响，造成交通不便、信息交流不畅、基础设施落后，不仅制约了人口的适度集中，还使市场信息、资金、技术、人才等要素很难辐射到此，导致经济活动成本偏高，经济发展明显滞后，扶贫开发成本高、难度大。自然条件、地理区位和基础设施的恶劣状况，成为影响边境贫困地区脱贫致富的直接因素，是导致整体地域性贫困的主要原因。

5.2.3 社会管理面临巨大挑战

体制僵化、机制不活是长期以来制约贫困地区发展的主要障碍，等、靠、要依赖思想依然存在。由于贫困地区多处特殊、复杂的地缘政治环境和社会环境，社会管理不断面临新情况、新问题，在社会生活全球化和信息传播网络化的情况

下，国际国内问题相互影响和交织，使社会管理面临巨大挑战。创新社会管理，巩固基层政权，提高基层组织的战斗力，形势紧迫。

5.2.4 劳动力就业形势严峻

就业问题已成为贫困地区现阶段突出的矛盾和问题。据调查，全区每年需解决城镇就业人口61.2万人，农村富余劳动力需转移就业220万人，其中南疆三地州城镇就业需求约占全区的1/3以上，农村富余劳动力转移就业需求占全区的近60%。农村富余劳动力转移难度较大，就业形势严峻，已对社会稳定产生不利影响。特别是少数民族青年劳动力就业问题更为突出，已成为当前新疆乃至全国民族团结和社会和谐稳定的隐患。

5.2.5 面临经济和政治上的双重压力

贫困地区自我发展能力严重不足，在我国市场化改革进程中，在梯度推进区域战略政策下，与全国和全疆的发展差距不断拉大，经济社会发展长期处于落后地位，城乡居民收入长期处于较低水平，这不仅关系到当地人民群众对现存社会制度的正义性判断，也关系到社会和谐稳定与长治久安。与此同时，随着周边国家经济快速复苏和发展，对我国形成倒逼压力。

6 新一轮对口援疆条件下贫困地区经济发展的重点任务

6.1 依托对口援疆提升贫困地区产业发展能力

培育特色优势产业、提高自我发展能力是促进贫困地区发展和实现脱贫致富的主要途径。通过产业援疆促进贫困地区产业发展，不仅有助于增强贫困人口"造血"功能，推进贫困人口在脱贫基础上实现稳步致富，而且有利于调动贫困人口参与脱贫致富的主动性，实现由被动扶贫向主动脱贫的转变。

6.1.1 产业援疆促进贫困地区产业发展的举措和意义

6.1.1.1 产业援疆促进贫困地区产业发展的举措

在新一轮对口援疆工作中，各对口支援省市结合资源优势，积极开展产业援疆，为新疆现代产业体系建立发挥了积极作用，产业援疆是增强贫困地区自我发展能力的有效途径。

A 推动重大项目建设，夯实产业发展基础

新一轮对口援疆以来，各援疆省市大力实施产业援疆战略，推动重大项目建设，如山东省以大企业为龙头，实施制造业和基础产业先行，大项目牵引的策略，引进山东钢铁集团300万吨钢铁、山东水泥集团1000万吨水泥、山东重工集团1000台工程机械制造等国内三大著名企业，投资超过100亿元，为喀什地区现代产业体系构建打造基础。天津市通过招商引进一批当地支柱企业，带动重大项目建设，推动当地实现产业升级。天津引进的西部水泥集团，在于田县新建年产250万吨的水泥项目，投资概算17.6亿元，2012年5月建成投产，已成为和田地区最大的水泥生产企业，大大缓解了和田地区水泥短缺的状况。民丰县钧窑建材有限公司投资5600万元，建设年产1.2亿块页岩砖项目，已经投产，结束了民丰县无规模企业的历史。2012年，援喀四省市共安排政府援疆项目285个，援疆资金38.77亿元。新一轮对口援疆工作开展以来，全地区落地产业项目438个，到位资金193.4亿元。山钢、山水、宝钢、上海建材、隆基水泥等一批重大产业项目的落地，助推了喀什经济社会快速发展。

为产业援疆创造良好的环境，“自治区援疆工作会议暨产业援疆工作会议”于2012年召开，明确提出产业援疆工作的重点和要求，出台了《新疆维吾尔自治区关于推进产业援疆工作的指导意见》（新党办发［2012］23号），明确了产业援疆的基本原则、重点领域和保障措施。当地政府主动对接沟通，搭建各类商洽平台，大力开展招商引资，积极引进中央企业和援疆省市企业来疆投资。努力做好已签约项目的跟踪服务工作，积极落实土地、水电等保障条件，为企业在疆发展创造良好的环境，促使企业落户新疆。

B 积极建设产业园区，加速产业集聚

产业园区是承接产业转移、加速产业集聚、培育产业集群的载体。对口支援省市通过加大对产业基础设施和园区的建设力度，吸引一大批企业落地，对当地新型工业化、农牧业现代化的发展起到了示范推动作用。其中克州积极承接产业转移，加快推进产业合作，援疆资金投入产业园区基础设施建设1.1亿元，江苏省10家企业与克州新签订34.4亿元产业合作协议。浙江省于2011年4月启动浙江产业园项目，总体开发面积20平方千米，总投资3.77亿元，浙江计划外援助资金3亿元，大力开展园区内基础设施建设，投资2.5亿元修建嘉兴路等10条园区道路，提升浙江产业园发展环境。截至2011年年底，入驻浙江产业园区项目26个，协议资金153.45亿元，已开工建设项目19个，到位资金12.46亿元。江苏省发挥江苏办园区和港口建设的经验，苏州市和连云港市共同对口援建霍尔果斯经济开发区，从援助援疆资金总盘子中调剂4000万元到霍尔果斯，用于规划、人才培养、招商引资、平台建设等工作。

C 带动就业增加收入，大力改善民生

各援疆省市注重将援疆与受援地特点相结合，积极扩大就业，增加收入，带动受援地民生改善。北京市立足和田地区产业发展实际，重点支持农业设施、特色种植、特色养殖、高效节水、维药加工、地毯丝绸编织等产业援疆项目33项，实施援建5027个大棚，带动当地就业增收。天津南开大学蓖麻工程研究中心实施的重点援疆项目——“和田乡村蓖麻产业化基地高油蓖麻推广项目”，在和田地区东三县全面启动。针对和田地少人多的实际，该项目充分利用农民房前屋后、沟渠路埂闲散土地，推广种植5万亩高油蓖麻，预计农民人均可增收150～200元。山东省投资5亿元的坤庆农副产品加工项目，年加工各类果脯12万吨，市场在欧洲，基地在喀什。2011年边建厂、边运营，高价收购鲜杏，不仅为农民增加了收入，项目全部达产后，还可吸纳当地5000多名农村劳动力就业。目前该项目已招录的1200名员工大多数都是当地农村妇女，经过语言和技能培训上岗，月工资达1500～2000元。

D 优化产业结构布局，促进现代产业体系构建

贫困地区工业基础普遍薄弱，工业化水平较低，缺乏现代化的大企业大集团和现代产业体系。新一轮对口援疆工作实施以来，对口援疆省市在产业援疆中，坚持以新型工业化为第一推动力，高起点、高水平、高效益引进一批大企业大项目落地，为受援地构建现代产业体系奠定了坚实的基础，特别是发展一些新能源、新材料等战略新兴产业以及在贫困地区建成大的工业项目，对于优化产业结构和产业布局及构建现代产业体系都发挥了重大作用。山东省坚持大企业大项目带动，在对口支援的疏勒、英吉沙、岳普湖、麦盖提四县新落地产业项目 237 项，总投资额 271.1 亿元，主要依托当地优势资源，引进钢铁、水泥、光伏发电装备制造、纺织等产业。浙江洁丽雅投资 25 亿元棉纺项目已顺利奠基，泰科能源五年投资 250 亿元建设的年产 5 万吨高纯多晶硅项目已注册落户，成为迄今为止农一师阿拉尔市最大的工业引进项目。湖北省在产业援疆引进大项目上有所突破，截至 2011 年年底已签订合作项目 33 个，总投资 130 余亿元，已有 6 个投产，共完成投资 20 亿元。其中，湖北长江铝业投资 13 亿元建设 2 条日产 5000 吨水泥熟料生产线的博海水泥项目；湖北能源集团投资 21.5 亿元的 215 万千瓦热电联产和 4.95 万千瓦风电项目已奠基；曾氏集团宜昌长江铝业投资 44 亿元为湖北工业园建设 215 万千瓦、235 万千瓦自备电厂火电项目已开展前期工作。

另外，中央企业产业援疆发挥了国有经济的引领和重要带动作用。中央企业充分发挥资金、技术、人才、管理等优势为新疆的经济社会发展、改善民生和社会和谐稳定做出了重大贡献。“十二五”期间，在疆开展业务的中央企业计划投资项目 510 个，累计投资总额万亿元，这是新疆解放以来中央企业在疆投资总额的 3 倍之多。2012 年，中央企业完成自治区地方项目投资 744.7 亿元，自治区地方实际引进 19 个援疆省市经济合作项目 1754 个（其中新建项目 999 个），已到位资金 1493 亿元，比 2011 年增长 37.3%。徐工集团、苏新能源、中广核、武汉当代、诚信化工、山钢集团、隆平高科、华孚集团等一批国内知名企业落户受援地州，有效促进了受援地新型工业化和农牧业现代化，大大增强了新疆经济发展活力。中央企业不仅过去为新疆工业发展奠定了坚实基础，也将是今后援疆工作的骨干和主力军，是实现新疆跨越式发展的顶梁柱。

6.1.1.2 产业援疆对提升贫困地区自我发展能力的重要意义

产业援疆不仅是新疆实现跨越发展的迫切要求，也是援助省市拓展发展空间、谋求长远发展的战略选择。推进产业援疆对增强贫困地区自我发展能力、加快优势资源开发、调整产业结构、实现合作共赢、扩大就业、增加收入具有重要意义。产业援疆将加速新疆“三化”进程，促进贫困地区脱贫致富，进而为实

现新疆跨越式发展和长治久安注入新的生机和活力。

（1）产业援疆对加速新疆新型工业化进程具有重要推动作用。产业援疆将使援助省市企业的产业优势与新疆的资源优势、地缘优势、后发优势有机结合起来，通过打造现代产业体系、产业高地，延伸产业链，形成一批新疆的支柱产业、优势产业和特色产业，加速推进新型工业化发展，充分发挥新型工业化的第一推动作用，不断增强新疆自身发展能力，带动农牧业现代化、新型城镇化的发展，进而推动新疆跨越式发展和长治久安两大历史任务的全面实现。

（2）产业援疆为新疆转变经济发展方式、促进产业转型升级注入新的活力。依托支援省市企业的资金、技术、人才、管理优势，高起点规划、高水平建设、高标准推进，进一步做大做强新疆特色优势产业，培育发展战略性新兴产业，全面落实环保优先、生态立区理念，实现“两个可持续”目标，努力形成高端化、集群化、集约化和生态化为特征的新型产业体系，推动经济发展由粗放到集约、由数量到质量的转变，从而促进全区经济实现量的增长和质的提升。

（3）产业援疆有利于化解新疆经济发展制约因素。新疆贫困地区经济发展的主要制约因素是：区域发展不平衡，生态极其脆弱，结构性缺水，基础设施建设滞后，人才严重匮乏。产业援疆，能够有力地推动优势区域、优势产业率先跨越式发展，同时通过企业技术创新，形成新的优势区域、优势产业和优势企业，培养一批懂技术、会管理、能创新的高端人才，为新疆自我发展积累后劲，推动形成覆盖全区的大建设、大开放、大发展的良好局面。

6.1.2 依托对口援疆提升贫困地区产业发展能力的思路和重点任务

产业援疆是提升贫困地区自我发展能力的有效途径，是促进产业结构调整的客观需要。应充分发挥对口援疆省市资金雄厚、技术领先、管理先进、人才富集的优势，高起点、高水平、高效益推进产业援疆，以增强贫困地区自我发展能力。

6.1.2.1 发展思路

依托产业援疆，立足发挥贫困地区资源优势、区位特点和产业基础，以脱贫、富民、生态、产业发展为目标，以促进就业和资源优势转换为核心，注重转变经济发展方式和增强扶贫对象自我发展能力，加快推进农牧业现代化、新型工业化和现代服务业发展，加快产业结构调整，优化产业布局，形成具有区域特色的现代产业体系，推进区域发展和扶贫攻坚。

6.1.2.2 重点任务

A 依托产业援疆，以新型工业化带动特色优势产业集群化

加快石油石化基地建设，促进石油天然气产业发展。依托产业援疆，支持中

石油、中石化加大塔里木、准噶尔和吐哈三大盆地油气资源勘探开发步伐，扩大开采规模，确保油气产量稳步增长，同时加快输气管道建设。大力发展地方石油、天然气工业，鼓励和支持贫困地区企业参与石油石化下游产品深加工，增加油气资源在贫困地区加工量，以下游产品综合开发为重点，延伸产业链，不断提升石油天然气化工产业化水平，形成一批产业集群。

加快发展煤炭工业和现代煤电煤化工产业，带动贫困地区矿产资源的优势转化。依托贫困县（市）优质煤炭资源，坚持"统筹规划、环保优先、集约高效、有序发展"的原则，以准东、吐哈、伊犁、库拜四大煤田为重点，高起点、高标准、高效益规划建设国家第十四个现代化大型煤炭基地。按照"一个矿区一个开发主体"和"以项目配置资源"的要求，积极培育大型煤炭企业集团，加快建设具有国内领先水平的大型现代煤矿。着力推进煤矿企业兼并重组和煤炭资源整合，延长煤炭产业链，进一步淘汰落后生产能力，提高产业集中度，调整优化煤炭产业结构。加快电力基础设施建设，依托丰富的煤炭资源，加快建设"疆电外送"重大项目，积极促进疆电参与全国市场配置，提高煤炭附加值，实现新疆将资源优势转化为经济优势。大力发展现代煤化工，提升传统煤化工，提高技术含量和深加工程度，建成一定规模的现代煤化工产业。

加快发展有色金属深加工产业。依托产业援疆加速发展有色金属深加工产业，力争在技术进步、增加品种、开发利用疆内资源方面取得明显成效。不断延伸铍、铜、铅、锌等有色金属矿产资源加工产业链条，高起点、高标准建设项目，抢占行业制高点。承接东部援疆省市先进工艺技术的铝制品深加工等产业的产能转移，打造煤—电—有色金属冶炼—下游产品深加工的发展模式。

不断壮大钢铁、化工产业。目前在全国钢铁产能过剩的情况下，应以资源保障能力、区域经济发展需求为依据，加强宏观调控、科学规划、合理布局，以宝钢八钢公司、首钢伊犁钢铁公司、伊钢公司等企业现有钢铁项目为核心，打造乌昌地区千万吨规模的钢材制品生产基地、伊犁大型钢铁生产基地、南疆百万吨级钢铁基地，科学落实差别化产业政策，稳步推进钢铁项目建设，实现钢铁产业链的不断拉伸，加速产品升级换代，提高钢铁产业竞争力和自我发展能力。借助对口援疆力量，引进援疆大型化工企业促进化工行业上中下游联动，引导企业发展高水平深加工，做精做强化工新材料产业，为新兴产业发展提供高性能原材料。不断延伸化工产业链，丰富新疆化工新材料产品品种，加快推进重大化工项目建设，不断满足市场需求，全面提升化工产业整体水平。

推进先进装备制造业发展。依托对口援疆，积极引进援助省区有实力的装备制造企业，着力培育发展新疆特色装备制造业体系，满足新疆跨越式发展对先进机械装备的需求。立足区内市场和中亚市场，大力发展大型煤电煤化工装备、先进农业机械装备、采掘业和矿山机械装备、输变电装备和可再生能源装备，打造一批专业化的制造企业，加速形成我国西部现代装备生产和向西出口的基地。

发挥棉花产业优势，振兴纺织工业。依托对口援疆，以技术进步为支撑，以承接内地纺织产业转移为契机，加快纺织工业产业结构优化升级，全面振兴纺织工业。重点建设阿克苏、石河子纺织工业城，加快发展喀什、呼图壁、沙雅、巴楚、奎屯、库尔勒、博乐等纺织工业园区，做大做强棉纺产业。依托大型棉纺骨干企业，大力发展棉纱精深加工，加快发展中高档优质面料，积极发展针织、印染、服装、家纺、产业用纺织品等深加工产业，加快建设纺织品出口加工基地。

大力发展农牧产品加工业和轻工业。以构建信息服务、科技支撑、产业园区和农产品及加工品外销四大平台，以龙头企业为依托，重点围绕棉花、粮油、林果、畜产品、区域特色农产品等优势，依托对口援疆，积极引进援疆省区农业产业化重点龙头企业，大力发展高科技含量、高档次、高附加值的农产品精深加工产业，创建名牌产品。依托援疆大力发展轻工业，轻工业以农牧产品、石化下游产品等综合开发为重点，着力发展绿色食品、保健食品、饮料制造业，优化发展造纸、塑料、皮革、家具及人造板、日用化工等产业，积极发展地毯、玉雕、民族手工艺、旅游纪念品等劳动密集型产业。

积极培育战略性新兴产业。依托对口援疆省市的优势，加强在战略性新兴产业发展上的交流与合作，立足新疆贫困地区资源优势、产业基础等比较优势以及未来前景，重点发展新能源、新材料、节能环保、生物制药、现代装备制造等新兴产业，强化政策支持，着力培育形成一批科技创新能力强、具有竞争优势的龙头企业和企业集团，积极抢占新一轮产业竞争的制高点。

促进传统产业改造升级。运用高新技术和先进装备，促进重化工业结构优化升级。按照新型工业化的要求，依托援疆力量运用信息技术和高新技术，促进传统重化工业向低消耗、轻污染、高素质产业拓展和结构升级；运用高新技术改造提升传统优势产业；抓住对口援疆机遇，运用高新技术对纺织、食品、机电、建材、冶金等传统行业改造升级，提高产业层次；运用经济、政策等措施，促进传统产业企业通过技术引进、资源整合等手段，对现有产业进行改造提升。

B 依托产业援疆，以现代化提升农牧业产业体系

大力扶持优势特色农业产业。依托援疆，加快调整贫困地区粮食布局和品种结构，加强标准良田建设，提高粮食综合生产能力和加工能力，促进粮食生产能力稳定增长，确保粮食安全。稳定棉花生产面积、提高单产、优化品质、节本增效的原则，重点进行高效节水灌溉、良种繁育和推广、中低产田改造等建设，保障全国棉花供应安全。稳定林果业面积，提质增效，大力提升果品储藏保鲜、精深加工能力，积极开拓国内外市场，将特色林果业打造成为贫困边民增收的重要支柱产业。畜牧业加快推进畜群畜种结构合理化、牲畜品种优良化、疫病防治网

络化和产品营销市场化，促进传统畜牧业向现代畜牧业转变。现代设施农业重点发展设施农产品加工和储藏保鲜业，创建一批设施农产品品牌，提升产业层次。

大力推进农业产业化经营。依托援疆省市，支持引导贫困地区农牧民兴办专业合作化组织。在农村基层党组织或本地经济能人的带领下，以农户为基础，以产业为依托，以专业协会为载体，以富民为目的，以自愿为原则组建经济合作社。通过经济合作社，全村生产实行统一品种、统一生产计划、统一采购、统一销售及统一培训，把种养、加工、生产、流通、销售有效地组织起来，把农户、资本、技术及土地合理配置起来，解决分散经营无法解决的问题，达到资源共享、利益共谋，提高农业产前、产中、产后的社会化服务水平，使贫困村拥有一至两项长效稳定增收的项目。引导扶贫龙头企业与贫困农牧民和农牧民专业合作组织建立新型利益分配机制，形成紧密的利益共同体。积极搭建营销平台，建设疆内外衔接互动、功能完善、交易规范的农产品批发市场，支持大型流通企业、扶贫加工龙头企业开展农产品营销，建设电子商务平台，建立以农产品生产、加工、运输、仓储、配送到消费一体化农产品物流体系。加快在边境贫困县建设一批外向型农产品出口、生产基地，不断扩大农产品出口。

依托产业援疆加快农业科技创新与推广。发挥科技援疆力量，推进农业科技创新，加快建立种业科技体系，推进品种研发、良种繁育、示范推广等一体化，构建以产业为主导、企业为主体，产学研相结合、育繁推一体化的现代种业科技创新体系；加快农业生产机械化、农产品安全生产、处理加工等技术研究，形成一批推动农业产业拓展、农产品价值提升和资源综合利用水平提高的关键技术和特色产品；加强工程节水、农艺节水等研发，提高农业水资源的利用效率；要加快农业科技成果转换，鼓励农业科技人员下乡，加强对农牧民的科技指导和技术培训；加快实用技术普及推广，打造创新科技推广服务体系的模式。

C 依托产业援疆，促进服务业水平提升

依托产业援疆，拓展和提升生产性服务业。依托援疆省市，立足部分贫困地区口岸优势和商品市场的集聚优势，建立区域性贸易中心、消费中心。以中型城市为主体，在北疆、南疆、东疆建设相关区域内的商品集散枢纽与消费中心，辐射中亚、南亚以及周边市场，依托小城镇和新兴城镇，形成城乡商品汇集与交流的集散中心。高度重视发展现代金融业，积极发展中小金融机构，培育各类投融资主体，提高资本市场融资能力。大力发展农业科技，为优质商品棉基地、商品粮基地、畜产品基地和特色果品基地的建设以及农村经济结构调整提供引导、支撑和服务。积极发展工业科技，提升支柱产业的技术水平和竞争能力。

大力推进旅游业迅速发展。充分挖掘贫困地区独特的自然风光和人文景观资源，充分发挥援疆省市的力量，促进受援地旅游业发展，提升旅游业发展水平。

深度开发旅游资源和产品，挖掘民俗旅游资源，通过民俗旅游，吸引游客；加强与周边国家的旅游合作，完善口岸接待设施及边境旅游市场环境，简化出入境旅游手续，积极推进边境跨国旅游；鼓励贫困农牧民依托城镇、旅游景区、交通沿线兴办“农家乐”、“牧家乐”等有利于脱贫致富的旅游项目，使旅游业成为调结构、促就业、惠民生的支柱产业。

D 依托对口援疆，加快喀什、霍尔果斯两个经济开发区建设

建设喀什、霍尔果斯经济开发区是产业援疆和提升新疆产业自我发展能力的重要方面。依托深圳市对口支援喀什经济开发区建设，江苏省苏州市和连云港市共同对口支援霍尔果斯经济开发区建设，充分利用两地在特区和工业园区建设发展中积累的丰富经验和自身雄厚的产业、科技、人才、资金实力，加快推进两个经济开发区建设。一是借鉴苏州工业园中国新加坡共建模式，加快基础设施建设；二是学习深圳和苏州工业园区管理经验，创新管理体制机制；三是建立利益连接机制，共建产业园区；四是加快承接产业转移对接，实现优势互补；五是加强综合服务体系建设，为企业创造良好的发展环境。

新疆贫困地区应当抓住产业援疆契机，充分发挥资源和地缘优势，增强产业援疆的“造血”功能，提升自我发展能力。坚持高起点、高标准、高效率，走资源开发可持续、生态环境可持续的发展道路。紧紧围绕石油、石化、煤炭、电力、冶金、有色金属等优势资源以及粮、棉、果、畜等特色农牧产品，在更高层次上带动新疆企业做大做强特色优势产业，促进传统产业转型升级。培育发展战略性新兴产业，提升生产性服务业发展水平，不断推进新型工业化，促进特色优势产业集群化、战略性新兴产业高端化，以此来加快推动农牧业现代化和新型城镇化，加快打造具有新疆特色的现代产业体系，促进新疆经济社会发展。

6.2 完善基础设施建设，强基自我发展能力

6.2.1 促进基础设施建设对提升贫困地区自我发展能力的基础作用

新疆贫困地区基础设施状况普遍较为落后，基础设施历史欠账多、建设滞后，已经成为制约贫困地区经济发展的主要瓶颈，加快推进基础设施建设，不仅是扶贫工作重要任务，也为贫困地区提升自我发展能力提供基础支撑。

贫困地区建立基本完善的基础设施体系，既能使区域内道路交通、信息、能源、水利等设施畅通、安全可靠，满足经济社会发展需要，又能满足人民改善生活的需求；既能合理有序配置资源，又能确保贫困地区经济社会发展与基础设施建设相协调，增强发展可持续性；既能确保建设活动与区域发展目标相一致，又为未来发展提供可能空间，实现可持续发展。其具体作用如下：

（1）有利于促进资源合理高效流动，优化资源配置。构建区域完善的基础

设施网络，有利于降低交易成本，促进区域经济一体化发展，拓展区域内外资源和市场两个空间，促进经济要素的合理高效交流，培育和支撑现代化物流、商贸体系，优化区域内资源要素配置，促进和加快区域一体化发展。

（2）有利于改善投资环境，增强招商引资的吸引力。加强基础设施建设，增强区域综合配套能力，对于改善投资环境，提升招商引资的吸引力，促进承接产业转移的更快、更好发展，扩大对外开放的知名度和影响力，提高招商引资竞争力具有现实意义。

（3）有利于优化产业布局，促进产业结构调整。完善基础设施建设，对于发挥产业比较优势，调整优化区域产业布局，形成、发展和提升产业集聚，做大做强区域优势产业，提升产业竞争力，促进经济发展方式转变，具有现实基础性作用。

（4）有利于改善民生，促进经济社会的又好又快发展。不断推进和完善基础设施建设，不仅是满足新阶段经济社会发展的客观需要，更是践行科学发展观的内在要求，对于不断满足各族人民群众日益增长的物质文化需要，改善民生，努力实现发展成果的共建共享也具有十分重要的现实意义。

6.2.2 贫困地区完善基础设施建设的思路与重点任务

6.2.2.1 总体思路

以加快转变经济发展方式为主线，紧抓对口援疆发展契机，围绕城镇化、工业化、农牧业现代化、信息化、基础设施现代化建设，统筹城乡一体化进程，坚持“以人为本、民生为先、统筹规划、扩面统基、提档升级、增强保障”的建设思路，强化体制机制创新，强化规划引导作用。处理好“县域中心与小城镇建设、产业与城镇融合发展、资源开发与生态建设”的关系，着力提高基础设施承载能力，着力提升城镇服务功能，着力改善民生，着力提高农村基本生产生活条件，强化规划、建设与管理并重，加快改革和市场化步伐，创新投融资模式，逐步构建系统完善、安全高效、城乡一体、区域统筹的基础设施体系。

6.2.2.2 重点任务

A 积极推进重大基础设施建设

（1）加快构建区域性综合交通枢纽。加快构建包括公路、铁路、民航等的综合交通运输体系，全面提升区域交通运输能力，通过城乡交通一体化，促进城乡人口、资源和要素的流动，带动城乡协调发展。

加强公路基础设施建设，提升公路交通整体运输服务水平。提高公路整体通行能力和服务水平，进一步优化公路技术等级结构，提高农村公路畅通水平，基本形成高效便捷的公路运输体系。加强公路网建设，优化布局，提高承载能力，形成层次分明、纵横交错、四通八达的公路网体系。加大骨干道路等重点项目建设，推进口岸路、资源路、农村公路建设，完成重点山区居民点的通达公路建设，提升农村公路建设里程、通达深度、技术等级。

构建层次分明、功能明确的客货运输服务体系，推进城乡客运一体化及建制村通客运班车工程。加大长途汽车站新建力度，并进行改造升级。建设农村乡镇标准化客运站以及行政村公路沿线招呼站。

加快地方铁路建设、机场建设、口岸建设和管道建设，促进贸易便利化，促进物流、旅游、商贸等相关配套服务产业发展，完善配套服务设施建设，完善服务体系。通过发展口岸经济，争取建立外贸进出口加工区，推动新兴产业发展。

（2）全力推进水利工程建设。以水资源开发为重点，对水资源实行统一规划、合理调配，做到统筹兼顾，促进水资源的合理开发、优化配置、高效利用和有效保护。全面加快控制性水利枢纽工程、防洪减灾体系、水电站等工程建设。

加快重大骨干水利工程的建设，建成山区控制性水利枢纽工程，提高流域地表水资源的调控能力，完善流域及灌区调水工程，提高灌区供水保证率，重点完成大型灌区续建配套与节水改造，包括渠道防渗、排水系统建设、清淤和渠系配套建设。大力推进废污水处理回用等非常规水源利用工程建设。全面完成农村饮水安全工程建设，进一步加大对民生水利的投入力度，优化水资源开发利用。

（3）加速推进煤炭、电源、电网等能源基础设施建设。坚持适度超前的原则，加快电力、天然气、农村能源等能源基础设施建设，扩大电网覆盖面，形成稳定、完善的电源电网新格局，改善无电地区和无电人口用电问题，基本保障工农业发展用电需求。积极开发利用可再生能源，提高新能源保障水平。

完善能源供应体系、加强电源建设。加大煤炭资源和天然气资源的基础性勘察力度，围绕煤炭、天然气、太阳能资源开发和水利设施建设，优先实施水电，大力发展火电，积极发展光电，实现水电、火电、光电“三电”互补的电源结构，建设一批环保型骨干电厂。同时积极开发利用风能、生物质能等清洁能源和可再生能源。在农村，大力发展农村小水电、风能、太阳能、沼气等清洁能源，加大向农村推广压缩天然气或液化天然气的力度，实施小水电代燃料工程，扩大小水电覆盖范围。

进一步完善各级电网网架结构，加快变电站和输电线路的升级改造。开展智能电网建设，逐步扩大技术应用覆盖范围。加快无电乡村电网延伸工程建设，继续完善农村电网改造，提高农村用电保障水平，实现“户户通电”。加强城乡一体化电网建设，全面提高电网通达水平、输送能力、供电质量，全面提高电网应对自然灾害和保障经济发展的能力。

（4）加快通信和信息化建设步伐。加快现代通信网络建设，加快建设贫困地区与乌鲁木齐的光纤数据传送大通道，大力推进主要城区和县市光纤通信入户工程。利用低压电力线载波传输技术，充分发挥低压电力线覆盖面广、不需要重新布线的优势，建设县域信息传输网。完成对已有电视线路、电话线路、光纤线路和数据转换站的升级改造任务，实现电信网、广播电视网、互联网“三网融合”，构建数据承载能力强、网间无缝融合、安全可靠的信息基础设施。加快3G网络建设，加大加深网络覆盖面，积极开展无线网络优化、网络性能升级等工作。

大力推进公众信息网络建设工程。积极推进电子政务外网工程建设，实现从地区级到村级政务信息化，实现各类政务信息的共享，建设各机关、企事业单位和公众的公用信息平台；公布各级政府及其部门办事程序、工作要求、工作信息、服务承诺，增强政府工作透明度，提高政府工作服务水平；公布公益事业、公用设施建设规划和使用管理情况以及其他公用信息，方便群众生产生活；逐步建设各类网上交易专业市场，如房屋、土地使用权、矿业权、林权、公用设施使用权拍卖市场等，为经济发展创造良好的网上交易平台。以各级公共图书馆系统、高校图书馆系统以及科技文献系统为基础，开展网络互联、目录资源共享工作。建立健全各类政府信息、地域资源信息和当地政治、经济及文化等自身信息资源，使政府网站成为对外开放的窗口、商业贸易的桥梁、公众教育的学校、经济发展的引擎。

重点推进电子政务网络建设工程。尽快开通贫困地区各级政府办公业务资源内网。各级政府、各部门等相互之间可以实现信息双向传递，各部门、各街道可以根据权限查阅地委、各级政府等各类文件、重要会议资料、常用办公资料等信息。同时，逐步将各级政府办公业务资源网接入全疆政府办公业务资源网，实现区内政府系统办公业务的资源共享和办公信息资料网上传递；根据需要逐步推进网上交互式办公，逐步实现政务活动电子信息自动化和无纸化办公，初步建成“电子政府”。

围绕经济和社会发展的热点、难点来开发信息服务平台。围绕开拓城乡市场、发展区域经济、促进贸易、调整经济结构、实施科教兴区与可持续发展战略的需求，积极推进政务、公共领域、企业、市场和个人等信息资源开发利用。加快区域重点业务系统和应急指挥系统信息工程建设，以基础信息网络和重要信息系统安全为重点，基本融入自治区网络与信息安全保障体系建设中。启动实施数据库建设工程，以市场信息为基础，以市场需求为导向，面向经济、面向社会、面向未来，重点建设经济、金融、政策、科技、教育、党务、政务、区域经济等数据库。

尽快建立网络管理服务中心。建设网络管理服务中心，负责信息化的技术体制和标准选择、信息网络的总体设计，局域网站点设置和信息安全体系进出口设置，为各种信息网络提供业务指导和技术服务，并对网络系统进行集中统一的监控和管理等。

B 夯实城镇基础设施建设

以提升城镇功能、改善生产生活环境为目标，以城镇水源和供水设施建设、城镇供排水管网建设、天然气综合利用、集中供热、垃圾处理设施项目为重点，全面推进城镇基础设施建设，形成适度超前、持续发展、保障有力的城镇公用服务设施体系。加强城镇基础设施和公共服务设施建设，不断增强城镇功能和可持续发展能力。加快城镇交通设施建设，优化路网结构，优先发展城市公共交通，提高通行能力。加强城镇供排水、供气、供电、供热、污水和垃圾处理、防灾减灾等工程，以及学校、医院等公共服务设施建设。加强城市园林绿化和城市周边绿化建设，提高城市绿化率。努力改善人居环境，建设优美宜居城市。

C 完善农村基础设施建设

围绕农业和农村经济及社会发展对农村基础设施的需求，稳步实施大中型灌区续建配套和节水改造、低压管道灌溉、膜下灌溉等工程，加大中低产田改造、盐碱地治理力度，加快推进现代农业体系建设；推进农村公路建设，制定农村客运站建设方案，逐步构建以农村公路网为基础、以农村公共交通为主导的综合交通体系；探索实施以太阳能、农村沼气等为主，安全、高效、清洁的多元化农村能源供应体系；推进农村生活设施建设，实施农村饮用水水源地保护工程，试行农村居民密集区生活污水集中处理、分散区氧化塘无害化处理的污水处理措施；增加农村垃圾转运站、收集点，建设城乡一体化垃圾处置模式。建立农村环境管理体制和长效机制，实施“村庄环境综合整治工程”、实施以“村庄秀美、环境优美、生活甜美、社会和美”为内容的“美丽乡村”创建工作，形成自然、和谐、宜居的新农村环境体系。

6.3 依托对口援疆改善贫困地区民生及社会公共服务

6.3.1 新一轮对口援疆改善民生和基本公共服务的重大举措和成效

6.3.1.1 新一轮对口援疆改善民生和基本公共服务的重大举措

A 新一轮对口援疆民生建设方面举措

民生建设不仅是援疆工作也是贫困地区发展的出发点和落脚点，只有持续不断改善民生，完善基本公共服务，才能让各族群众切实提高生活水平，才能真正提高百姓的幸福指数。

2011年，各对口援疆省市围绕自治区“民生建设”年主题，安排实施了与老百姓生产生活息息相关的民生类项目1042个，占项目总数的72%，安排援助资金108.2亿元，占援助资金的80.5%。特别是安居富民、定居兴牧工程建设情况良好。截至2011年12月31日，2010年“两居”工程试点项目绝大多数已完工，并交付使用。2011年，各对口援疆省市安排地方安居富民项目85个，涉及农户24.9万户，已开工项目85个，开工率100%；已到位援助资金21.4亿元，到位率99.7%。定居兴牧计划安排地方的45个项目已全部开工，涉及牧民1.66万户，援助资金已到位3.64亿元，到位率98%。

2012年，各援疆省市将75.9%的援疆资金用于民生建设，将95%以上的援疆资金安排到县（市）及以下的基层，安排实施了一大批教育卫生、就业培训等受援地迫切需要的民生项目。特别是各省市在推进援疆项目建设的同时，帮助受援地农牧民发展庭院经济、设施农业、农产品加工、民族手工业等特色经济，因地制宜解决了当地百姓生计问题。有的省市还将援助资金用于民生工程的配套设施建设，大大改善了城乡水、电、路、气等基础条件。一大批民生项目的建成使用，使当地群众真切享受到援疆工作带来的实惠，受到当地群众的广泛赞誉和普遍拥护。

B 新一轮科技、文化等援疆重大举措

各对口支援省市坚持“用心援疆、真情援疆、全面援疆”的理念，积极发动全社会力量支援新疆。

（1）科技援疆力度不断加大。各对口支援省市发挥科技优势，通过推广一批实用科学技术、组织攻关一批科学技术、积极培育科技创新型企业、培养科技人才队伍等形式帮助受援地增强科技创新能力。各援疆省市科技部门结合受援地产业结构升级，把各省市先进的技术和产品引进来，推广科技成果转化应用，增强新疆创新发展能力。

（2）着力推进文化援疆。各对口支援省市组织开展了多层面、多形式的文化援疆工作，在丰富各族群众精神文化生活的同时，也更好地把党的方针政策送到千家万户，增强了支受两地的文化交流和民族团结。各援疆省市文化部门着力推进重点公共文化领域项目建设及特色文化宣传、交流活动，用现代文化滋养、引领各族群众生活。各援疆省市教育厅（委、局）均与自治区教育系统签订了推进新疆中等职业教育发展协议，建立了职业教育援疆工作长效机制。

（3）援疆范围不断扩大。有的省市在中央核定援疆资金额度外拿出资金支持受援地建设；有的省市行业部门向受援地捐赠设备、资金等；有的省市把扶贫济困纳入日常工作，组织援疆干部捐款捐物；有的省市不仅组织援疆干部抗灾救灾，还动员本省市各界群众奉献爱心，增进了新疆各族人民与支援省市人民的联

系和友谊。援疆省市金融部门加大金融支持力度，以“投、贷、债、租”多方式助力援疆项目建设。各援疆省市商贸部门纷纷搭建新疆特色产品展销平台，构建采销网络，积极帮助新疆特色产品开拓市场。各援疆省市工会系统通过各种渠道筹措资金7195万元支持受援地工会系统建设，并慰问了自治区困难职工3427人，资助1391名困难职工子女走进大学，关爱帮扶了359名困难女职工。大部分援疆省市精心组织开展了青少年手拉手、“万人”游新疆旅行团、各类文艺演出、书画展览等丰富多彩的活动，促进对口援疆省市与新疆的文化交流。初步统计，2012年各援疆省市累计无偿援赠资金和物资合计7.4亿元，使受援地群众深切感受到兄弟省市的关怀和情谊。

C 新一轮人才援疆重大举措

（1）全力聚才引才。对口支援省市和援助单位把为新疆引进急需人才作为干部人才援疆工作的重要途径，积极吸引各类人才到新疆发展创业。2011年，各支援省市和援助单位在中央选派第七批3261名（其中中央和国家机关、中央企业472名，19个对口支援省市选派2789名）援疆干部人才的基础上，计划外选派了指挥部专职工作人员，规划设计、项目管理以及支医支教支农人员共2381人进疆工作。同时，还通过各种渠道为受援地引进各类高级专业人才3417名。援疆干部争先创优、爱岗敬业、无私奉献的工作作风，在当地树立起一面旗帜，起到了榜样和模范带动作用。尤其是针对受援地实际，精心挑选的政治素质过硬、技术高超的当地急需专业技术人才到基层一线开展工作，不仅填补了当地的技术空白，还涌现出一批可歌可泣的感人事迹。

（2）加强干部和人才培训。各支援省市均制定了干部人才援疆规划，采取“请进来、走出去”等培养方式，加大了对受援地干部人才的培训力度。2011年，各省市共组织新疆干部赴内地挂职1789人次，组织培训新疆干部人才近15万人次（其中赴内地培训2.2万人次，在疆培训12.8万人次）。2012年引进各类干部人才4184人，选派366名青年科技英才赴援疆省市进行定向培养，选派2587名干部人才赴援疆省市进行挂职锻炼，培训各类干部人才16.3万人次（其中赴内地培训2.7万人次，在疆组织培训13.6万人次），组织1.9万余名乡村基层干部赴援疆省市轮训，促使受援地干部开阔视野、更新观念、增长才干。圆满地完成第七批专业技术援疆干部人才中期轮换工作，援疆省市和相关部委共轮换1157人。大力支持基层组织和基层政权建设，新建村级、社区阵地638个，改扩建380余个。

（3）加快推进未就业高校毕业生赴对口支援省市培训工作。各对口支援省市高度重视新疆未就业高校毕业生赴对口支援省市培训工作，从挑选承办学校、制订培养计划、安排食宿、服务管理等方面精心安排。截至2011年12月，1.38

万名毕业生赴各支援省市的147所学校接受培训。2012年完成2.3万名普通高校毕业生赴援疆省市培养学习选派任务，第一批3851名学员完成培训并全部妥善安排就业。其中，和田地区2011年对口支援三省市共选派369名援疆干部到和田地区开展工作，承接971名和田地区少数民族普通高校毕业生培养任务，三省市先后开设和田高中班，共招收42名和田地区学生免费就读。同时，依托对口援疆省市，组织483人赴内地进行学习考察，举办各类培训班129个，培训3621人次，选送2505名各类人才赴内地学习培训。2012全年共选派317名援疆干部来和田地区工作，承接1173名和田地区少数民族普通高校毕业生培养任务，招收380名和田地区中学生免费就读。

6.3.1.2 新一轮对口援疆在改善民生和基本公共服务方面取得的成效

自新一轮对口援疆以来，19个援疆省市积极推进受援地牧民定居、富民安居和城镇居民保障性住房等民生项目，大力改善农牧民及城镇困难群众居住条件；加强示范点水、电、路、气等基础设施建设，实现人畜分离、改水改厕，改善农牧民生产生活条件；大力推进社会事业建设，加快医院、养老院、文化科技教育中心等公共基础设施项目建设，提高受援地公共服务水平。在教育上，切实提高少数民族学生科学文化素质。加大职业教育支持力度，坚持以就业为导向发展职业教育，重点发展中等职业教育，支持引导省内名牌中学利用优质资源到受援地合作办学，提高当地教育升学率。扩大省内大专、职业院校在新疆招生规模，如广东省，截至2013年年底，已援建农村安居富民房、城镇安居住房62876户，大力改善了城乡居民住房条件；新建或改建城乡道路557个、供热管网73.8千米、中小学校7所、医院20所，解决了28161户的安全饮水问题；建成广播电视、劳动就业、公共文化、气象预报等一批惠民基础设施，改善了当地生产生活环境，让各族群众感受到广东援疆带来的实惠。北京为促进和田地区产业发展，带动扩大就业，与北京市服装纺织行业协会、北京服装学院达成人才培训合作协议和实施方案，2014年将安排240万元援助资金，培训和田地区服装纺织行业技术人才和营销人才100名。此外，根据《和田地区手工羊毛地毯发展规划》，从2013年起连续五年，北京市每年安排援助资金100万元，支持当地培养地毯行业骨干人才70名。

在对口援疆省份的无偿援助下，贫困地区社会事业与基本公共服务能力建设加快推进，公共服务设施面貌发生较大改观，社会事业人才队伍素质能力稳步提升，与全国、全疆相比，公共服务差距在不断缩小。教育事业优先发展，全面实现“两基”攻坚目标，“两免一补”等各项资助政策得到全面落实，“双语”教育扎实推进，职业教育质量规模不断提升；医疗卫生和社会保障事业健康发展，农村医疗服务设施建设全面铺开，各级公共卫生服务体系、各级医疗服务体系日臻完善。城镇养老、失业、医疗等保险覆盖面不断扩大，城乡最低生活保障标准逐步提高，新型农村社会养老保险、新型农牧民合作医疗参合率不断提高。文化、体育、广电事业不断进步，“西新工程”、“东风工程”、“广播电视村村通”、“电视进万家”工程、“农家书屋”工程和农村电影放映“2131”工程等文化惠民扶贫工程顺利实施，村级文化室建设加快推进。

各援疆省市从人才、技术、管理、资金等方面优先保障和改善民生，大力帮助各族群众解决就业、教育、住房等最直接、最迫切的民生问题；大力投入民生相关的基础设施建设，积极帮助受援地扩大就业；加大教育卫生医疗等社会帮扶，开展多种形式人才培训，让更多群众直接获益。

6.3.2 依托对口援疆促进贫困地区改善民生和基本公共服务的发展思路和重点任务

6.3.2.1 发展思路

以大幅度提高社会保障水平和覆盖面、全面改善民生为首要任务，依托援疆力量，进一步推进富民安居等住房工程，大力推进教育、医疗、卫生等公共服务事业，积极拓展就业渠道、努力增加收入，不断完善社会保障，不断增强公共产品供给和社会事业可持续发展能力，加快推进基本公共服务均等化，逐步缩小社会发展差距。

6.3.2.2 重点任务

A 依托对口援疆，巩固义务教育、加快“双语”教育和职业教育

巩固“两基”成果，大力促进义务教育均衡发展，重点扶持困难群体、边远地区，合理配置教育资源，缩小教育发展差距。以“双语”教学和中等职业教育为突破口，争取扩大各类教育援助规模，加大援疆省市优质资源向贫困地区倾斜，为贫困地区人口素质提升和合格劳动者的培养提供智力支撑。

(1) 巩固义务教育成果，提升基础教育水平。进一步优化中小学布局结构，根据人口分布和教育资源状况因地制宜，坚持就近入学和相对集中办学相结合，原则上高级中学或完全中学办在县城，初级中学或九年一贯制中心学校办在乡镇，小学办在大的行政村。继续推进农村寄宿制学校工程和农村初中改造工程建设，实施农村中小学营养餐计划，增加寄宿制学校布点和在校生规模。改革农村义务教育经费保障机制，由中央财政全额负担农村义务教育的基本经费或加大农村教育专项资金转移支付力度，确保农村义务教育经费得到有效保障。尤其是贫困县市和乡镇九年义务教育经费保障，要加大财政投入力度，同时，教师工资待遇、编制、住房要实行差别化政策，以更为优惠的政策吸引优秀教师、留住

教师。

（2）继续加大“双语”教育力度，加快职业教育发展。以全面普及“双语”教学为目标，加大汉语普通话推广力度，普及学前“双语”教育和构建各类教育“双语”衔接体系，将学前三年“双语”教育全部纳入义务教育范畴。推进“双语”授课，除母语课外，其他学科均使用汉语教学的教学模式，力争“双语”教育全面普及。加快提高“双语”师资水平，增加“双语”教学中汉族教师比例，增加对口支援教师的数量。

加快职业教育发展，以职业教育为重点，加强中等职业学校建设，推进职业教育资源整合、布局调整，建设一批区域性、示范性职业教育中心和优势、特色实训基地，推动中等职业教育建设上规模、上水平。加大职业教育学校建设性投入，改造和完善各级职业教育院校主干专业教学、实训条件。积极调整专业设置，设立适应当地经济发展需要、紧贴现实需求的紧缺专业，重点以农林、水利、地矿、机械、师范、医学及其他适农涉农等急需专业为主设置专业和课程。积极创新教学方法教学模式，以就业为导向，大力推进工学结合、半工半读、校企合作、顶岗实习的培养模式，促进行业、企业、学校一体化发展。进一步加强职教园区建设，拓展职业教育集团化、连锁化办学。完善劳动就业准入制度和职业资格证书制度，努力适应贫困地区经济社会发展需要。

（3）扩大提高各类教育援疆资助规模和标准，改善办学条件。依托援疆，扩大各类教育援助资助规模，切实减轻贫困家庭和贫困学生就学负担。积极争取扩大内地高中班、疆内初中班、内地中职班对贫困家庭学生招生比例，采取固定名额等特殊政策，让更多贫困家庭优秀学生、更多贫困农牧民子女享受到优质的基础教育资源，为贫困地区改善人才结构、强化人才支撑提供强有力的保证。进一步扩大教育资助范围和标准，特别针对学前教育、中职教育，要统筹考虑纳入资助体系并提高资助范围和标准，稳步推进实施“双语”幼儿园幼儿伙食补助、中小学寄宿学生生活费补助及助学金制度。进一步完善中等职业教育免费制度，对全部适龄人口就读中等职业学校实行免学费政策，继续实施高等学校家庭经济困难学生、涉农涉煤等艰苦专业学生、师范生免除学费计划，建立普通高中和研究生助学体系，切实促进教育资源进一步向贫困地区倾斜。

增加财政投入，改善办学条件。借鉴援疆资金按人头分配资金的原则，在财政分配教育经费时应考虑学生人数的多少，以体现教育资源的公平性。根据国家标准，结合贫困地区实际，制定和完善各级各类学校生均拨款基本标准和义务教育阶段中小学、普通高中办学标准，实施义务教育阶段中小学标准化建设工程，实现中小学办学条件标准化。实施中小学校舍安全工程，把学校建设成为最牢固、最安全，最让家长和群众放心的场所。按照中等职业学校的设置标准，继续推进职业教育基础能力建设工程，进一步改善中等职业学校办学条件，促进职业教育的规范化建设。

B 改善基本医疗服务，健全公共卫生服务体系

以改善城乡基本医疗服务为重点，以医药卫生人才队伍和信息化建设为突破口，加快完善覆盖地、县、乡、村（社区）的四级医疗卫生服务体系，着力推动县乡村三级卫生基础设施建设，不断提升服务能力，强化基层医疗服务水平。加快公共卫生服务体系建设，不断增强各级公共卫生服务机构疾病预防和控制能力。进一步加强卫生应急体系建设，全面提升卫生应急处置能力。稳步推进以县级医院为主的公立医院改革，加快医疗卫生队伍建设，重点加强全科医生培养和农村村医学历教育，逐步提高村医待遇，切实提高卫生技术人员素质规模，逐步缩小公共卫生事业发展差距。

完善公共卫生服务体系。完善重大疾病预防控制体系网络，实施疾病预防控制能力建设达标工程，支持县级卫生监督机构、妇幼保健机构和急救机构建设，健全妇幼卫生服务网络，提高妇幼卫生服务能力和水平，完善农村急救体系。做好鼠疫、霍乱、伤寒、艾滋病、流感、手足口病、布病、包虫病、碘缺乏病等重点传染病和地方病的监测与防控，提高防控和应急处置能力，有效控制预防重大传染病、地方病、职业病和人畜共患疾病流行。加强农村饮水安全监测，做好心脑血管病、糖尿病、恶性肿瘤、慢性呼吸系统疾病等慢性病的预防和控制工作。

完善对口省份、城乡间对口支援制度。进一步健全完善地、县级综合医院，中医院和维吾尔医院等各类医院功能和职责，优化布局结构。重点推进乡镇卫生院、村卫生室和社区卫生服务中心建设。重点对边远农村加大政策支持和财政资金投入，推进标准化建设，健全农村医疗卫生服务网络。大力发展城市社区卫生服务，建立和完善以社区卫生服务为基础，社区卫生服务机构与预防保健机构和医院合理分工、密切协作的新型城市医疗卫生服务体系。深化推动以县级为重点的公立医院改革，明确政府对公立医院投入责任，加大投入力度，逐步取消药品加成，进一步降低群众就医成本。实施公办基层医疗卫生机构国家基本药物制度全覆盖，基本药物全部纳入基本医疗保障药物报销目录，报销比例高于非基本药物。

进一步加强卫生人才队伍建设，加快推进基层卫生机构信息化管理水平。充分利用“对口援疆”的政策优势，请进来、走出去，采取学历教育、专项培训、就近培训、对口帮扶和远程教育等多种形式，建立县级医疗卫生机构和乡镇卫生院为主体的乡村医生培训体系。加强培训机构建设，改善教学设施和环境，更好地满足乡村医生培训的教学要求。

加快基层卫生信息化建设步伐，借助国家基层医疗卫生机构管理信息系统建设项目，建立自治区、地州、县市、乡镇村四级信息网络体系，形成覆盖公共卫

生服务、新农合、基本药物等主要业务领域，居民健康档案和电子病历为基础资源的公共卫生服务资源数据库。

C 提高社会保障能力，完善社会救济救助体系

加快完善社会保障体系，不断扩大基本养老、基本医疗、失业保险等城镇各项社会保险覆盖范围。提高新型农村社会养老保险和新型农村合作医疗筹资标准，进一步提高养老金水平和住院报销比例。不断完善社会救济救助体系，扩大救济救助范围，提高救济救助标准。

（1）加快城乡社会保障统筹，扩大社会保险覆盖范围。统筹和完善城乡居民社会养老保险和基本医疗保险政策，出台各项保险关系跨区域转移接续办法，增强居民跨区领取养老金和实现异地医疗费用报销的便利性。探索统筹城乡的社会保障管理体制，加快推进城乡居民养老、医疗保险统一管理。稳步提高各项社会保险统筹层次，全面实现医疗、生育保险地州统筹，探索失业、工伤保险省级统筹。

继续扩大各项社会保险覆盖范围，将符合条件的各类群体纳入相应的社会保险制度，重点做好农民工、灵活就业人员的参保工作。新农保制度在农村 60 岁老人中实现全面覆盖，新农保范围覆盖贫困地区所有县市全部农村人口。扩大城镇职工基本养老保险覆盖面，加快推进未参保集体企业退休人员纳入基本养老保险保障范围工作步伐，实现全民享有基本医疗保障。

（2）稳步提高城乡社会救助标准，完善社会救济救助体系。支持孤残儿童、未成年流浪儿和老年人等社会福利设施建设，提高孤儿和流浪儿童、农村五保供养标准。建立健全城乡低收入人口临时救助制度，特别加大对边民的救助力度，切实提高补助标准。创新社会福利运行机制，推动社会福利、社会救济、优抚安置和社会互助等社会化进程。

D 依托文化援疆，加快文化体育事业发展

坚持以现代文化为引领，大力发展公益性文化体育事业，全面提升公共文化服务均等化水平，更好地满足人民群众精神文化需求。建立完善的公共文化服务保障体系，不断增加公共财政投入，加大基层公共文化体育设施建设，建立文化体育经费投入保障机制。进一步增加精神文化产品供给能力，突出地域文化特色，大力开展丰富多彩、喜闻乐见，各族群众能够主动参与的文化体育活动，进一步巩固基层文化阵地，增强“四个认同”，用先进文化影响人、教育人。加大文化艺术人才培养，加强各类文化人才队伍建设。

（1）加快公共文化服务体系建设，增强公共文化服务能力。建立完善公共文化服务体系，重点加强村（社区）文化室和各级图书馆、文化馆、文化体育

广场以及艺术表演团体馆舍和排练业务用房建设，加强全国文化信息资源共享工程乡（镇）和村（社区）服务点建设，配齐配全流动舞台车、流动图书车等流动文化服务设施，普及推广农村大屏幕。引导和鼓励社会力量参与电影院、演艺剧场建设。加大文化惠民工程实施力度，提高公共文化服务供给能力。积极争取国家、对口援建省（市）支持，继续实施好“春雨工程”、“广播电视村村通”工程、“农村电影放映”工程、“农村书屋”工程。建立公共文化机构经费保障机制，继续落实好公共博物馆（纪念馆）、图书馆、文化馆（站、室）免费向社会开放惠民政策，不断提高公共文化机构服务水平。逐步提高政府购买演出（放映）场次或按场次补贴的额度，鼓励演艺团体深入农村（社区）演出，加快公共文化服务向基层延伸。发挥群众“首创”精神，挖掘弘扬民间传统文化，引导基层群众自办文化体育活动，调动群众参与农村（社区）公共文化的积极性。

（2）加强基层文化队伍建设。以素养优良、业务精湛、结构合理为目标，建设一支专兼结合的基层文化队伍。选派“文化副县长”、聘用“文化干事”、招募“文化志愿者”，充实基层文化人才队伍，不断加大对乡土文化能人的培养与扶持力度。加强与国家大型文化志愿者工程联动，搭建与对口援建文化人才交流互动平台，共享文化发展成果。

（3）积极支持各项民族体育活动。深入实施少数民族传统体育发展工程，建设一批民族体育特色之乡，挖掘一批民族体育传承人。组织“全民健身日”、“全民健身体育节”、“诺鲁孜节”等体育节日活动，开展赛马、叼羊、达瓦孜、秋千、斗鸡、斗狗、斗羊、猎鹰等传统体育竞技表演。通过举办突出地域特色、群众广泛参与的群众性体育活动，形成“村村有活动，乡乡有赛事，一县一品牌，一地多品牌”的格局。

E 依托科技援疆，提高科技服务能力

（1）加快科技成果转化推广能力建设。依托援疆省市科技实力，发挥政府引导和市场主导双重作用，构筑政府扶持、部门联动、民间组织、企业参与的多元化产业服务体系。大力引进、推广和试验示范工农业生产和社会发展领域先进、成熟、适用技术。实施良种工程，建设种植、养殖种子种苗基地，加强良种引进、试验、示范、推广和地方特色品种鉴定。建立和完善农业技术（良法）示范基地和推广体系，重点加强科技扶贫示范村和示范户建设。围绕特色林果业等优势产业，培育和发展具有带动作用的产供销一条龙扶贫龙头企业和优势产业基地。实施科技推广项目，引导贫困地区合理开发资源，带动传统优势产业结构优化升级。

（2）加强科技人才帮扶力度。加强科技、管理人才选派引进力度，建立完善科技扶贫团、科技副县（市）长、科技副乡（镇）长、科技特派员制度。建立各级科技人才信息资源库、县级干部联系科技人员制度和一线科技人员联村责任制。设立科技扶贫奖，表彰科技创新、发展高技术、改造传统产业贡献突出的科技人员。

（3）不断增强科技扶贫力度。依托全国对口科技援疆，加强培训交流，搭建平台，实施项目带动，培养本地各领域科技领军人才、创新科技人才和成果转化应用人才。结合“农村科技明白人”工程，使广大贫困农牧民普遍掌握1~2项农牧业实用技术，培养和造就有文化、懂技术、会经营的新型农牧民。实施地区、县级科技馆项目建设，构建覆盖城乡的公共科技服务平台和科普网络，大力开展科普宣传活动，弘扬科学精神，提高全民科学素质。

F 积极借助援疆力量，促进城乡就业持续稳定增长

（1）实施引岗入贫困地区与内地设岗相结合，扩大就业规模。吸引援疆企业来贫困地区创造岗位，吸引众多劳动密集型企业到贫困地区投资兴业，发挥企业对就业的带动作用，加大对招用贫困地区籍劳动者且稳定就业的各类企业的政策优惠，给予这类企业享受社保补贴、培训补贴、生活补贴和贷款贴息等特殊优惠政策，使贫困地区富余劳动力在企业实现稳定就业。

推动农村富余劳动力及“两后生”赴援疆省市就业。加大有内地就业意愿的少数民族农业富余劳动力到内地务工经商工作力度，对维吾尔族农业富余劳动力继续实施政府有组织的转移就业，由贫困地区负责基本汉语培训，就业企业负责岗前技能培训，在援疆省市建立少数民族特色经营街区，为贫困地区少数民族农村富余劳动力提供就业机会。拓宽“两后生”在内地就业领域和空间，协调对接内地省市劳动密集型企业，招用自愿经过中高等职业院校国语培训、民族团结教育、军训、职业技能培训后的“两后生”，并同等享受内地省市促进就业各项优惠政策。制定少数民族高校毕业生内地就业定向计划，国家机关事业单位、对口援疆省市机关事业单位设定专门职位，统一考试，各部门每年单独招录少量新疆少数民族高校毕业生。

（2）发展特色产业，以产业带动就业。充分利用贫困地区资源优势，大力发展以林果业为重点的农副产品加工业，以手工羊毛地毯、纺织服装为重点的民族特色传统加工业和以维吾尔医药为重点的医药保健业，带动当地二次产业发展，促进产业对劳动力就业的带动作用。将自治区纺织业促进百万人就业深加工基地重点布局在贫困地区，带动贫困地区农民工就业。

（3）加大职业技能培训，提高劳动力素质和普通话水平。大力开展职业教育和培训，切实开展好就业技能培训、在岗培训、创业培训，提高培训的针对性和有效性，增强劳动者就业能力、职业转换能力和创业能力；建立国家通用语言培训机制，利用贫困地区中职院校广泛建立国家通用语言培训站，加大国家通用

语言培训力度，提高劳动力普通话水平；建立中职培训激励机制，提高贫困地区中职毕业生就业优势及工资水平，广泛宣传职业技能培训的政策支持、资金支持优势，以及职业技能培训在贫困地区家庭致富、个人发展中的益处，激发就业困难人员接受职业技能培训的自发性。

（4）创新就业政策，加快完善就业创业服务体系建设。创新就业政策，试行新增就业岗位和失业率与地方政府政绩考核挂钩机制，就业岗位向非农产业、非公有制企业、非正规企业倾斜的“三非”灵活就业机制，中央财政转移支付保护就业弱势群体机制，促进就业、增加和激励工作机会及就业岗位、惩罚和规训就业者的机制。

完善就业创业服务体系，将就业公共服务平台建设延伸至乡、镇，建立完善的就业服务体系。在农业劳动力密集县（市）建立技能培训、食宿、职业介绍、文化娱乐、医疗卫生及合法权益保护于一体的农民工综合服务中心，为农民工免费提供就业服务、引导性培训、社会保险、子女教育、疾病防控、计划生育、权益维护、文化活动等综合服务。加大创业孵化基地和创业园区建设的扶持力度，为在创业基地首次创业就业困难的群众，给予税收优惠、小额担保贷款、贷款贴息等方面的特殊扶持政策，并在审批环节开通绿色通道。

当前，生产生活条件恶劣、人才资源严重不足、社会事业发展滞后，上学难、就医难等民生问题已成为贫困地区发展重要瓶颈。依托援疆力量，贫困地区从社会发展，特别是教育、医疗、社会保障等关系贫困地区长远发展和普通百姓切身利益的薄弱环节入手，加快基本公共服务均等化，给广大群众特别是贫困人口提供优于其他区域的公共产品和服务，不断提升百姓幸福指数，增强人民群众对国家和民族的认同感，创造有利于发展的和谐环境，推动社会转型升级，推动经济跨越式发展。

7 新疆贫困地区经济发展的政策建议

改革开放以来，新疆贫困地区经济发展取得了历史性阶段成果，特别是中央新疆工作座谈会之后，党的十八大、十八届三中全会，中央扶贫开发工作会议，自治区八届六次、四次全委（扩大）会议等重大会议相继召开，新疆贫困地区发展已由解决温饱转入实现脱贫致富、共同实现小康的新阶段。2013 年 11 月，习近平总书记在深入湘西调研民族贫困地区扶贫开发工作时指出："扶贫要实事求是，因地制宜。要精准扶贫，切忌喊口号，也不要定好高骛远的目标。三件事要做实：一是发展生产要实事求是，二是要有基本公共保障，三是下一代要接受教育。各级党委和政府都要想方设法，把现实问题一件件解决，探索可复制的经验。"

面对新形势，各级政府应准确把握新阶段扶贫开发与全面建设小康社会及构建社会主义和谐社会的关系，扶贫开发与建设社会主义新农村的关系。作为新疆经济建设发展的重点和难点，各级政府应在把握中央路线、方针、政策基础上，抓住机遇、结合实际、突出重点、开拓创新，不断完善各项政策、创新机制，有效引导各方力量，合理配置资源，从政策、资金、土地、财税等方面完善各项措施，不断开拓新疆贫困地区经济发展新局面。

7.1 政策建议

7.1.1 加强基础设施建设，改善贫困地区生产生活条件

由于新疆贫困地区大多地处偏僻地区，地形复杂、交通闭塞，电力、交通、通信、乡镇建设等基础设施较为落后，迄今仍有不通电、不通路、不通水（人畜无饮用水）地区，落后的基础设施是制约贫困地区经济发展和农民脱贫致富的重要原因之一。加强基础设施建设，改善基本生产生活条件是扶贫的一个重要途径，也是农村贫困地区推进基本公共服务均等化、构建和谐社会的重要内容。

为创造良好投资环境，改变贫困地区民生现状，贫困地区基础设施项目应加大实施符合实际、行之有效、造福于民的德政工程。首先，要加强交通设施建设，提高公路、铁路覆盖率，实现资源地区间的交换与配置，改变贫困地区封闭状况；其次，加强通信设施建设，大力普及广播、电视、网络等通信方式，提供多种信息获得渠道，改变信息闭塞状况；再次，大力提高电力、水利设施建设，推进生态文明工程建设，为居民生产生活提供坚实基础；最后，完善城乡社会公

共事业，加大农村基本公共服务投入力度。加大农村公路、农村小水利、垃圾处理等基本公共项目，把贫困户的危房改造、异地移民安置等作为扶贫开发的基本内容之一，列入城乡公共事业的范围。

7.1.2 加大投入力度，优化投入结构

进一步加大投入力度。根据整村推进“九通”、“九有”、“九能”的扶贫标准需要，应进一步加大投入标准，同时建议把非重点县（市）纳入国家扶贫政策体系。将贫困县农牧民全部纳入农村最低生活保障范围，所需补贴资金由国家财政预算内安排。将贫困地区剩余农民全部纳入安居富民工程计划，加大中央预算内资金，减少或取消地方配套。移民扶贫和安居工程项目优先安排农村五保户家庭，在扶贫和就业安排上进行适当政策倾斜。中央预算内安排转移搬迁扶贫专项资金用于移民搬迁，同时对需搬迁的贫困农牧民给予土地、户籍安置、税费、就业等方面的政策优惠。

由于新疆贫困地区工程建设成本普遍较高，建议提高新疆以工代赈资金规模，以每年固定增速逐年提高资金总量，以满足贫困地区日益增长的发展需要。同时，由于部分农村公共基础设施先期建设存在欠缺，部分项目运营资金、后续管理资金欠缺，建议设立扶贫项目后续扶持资金，增加项目管理工作经费，加强后续扶持力度，确保项目管理有序规范运转。

进一步优化投入结构。不同类别扶贫资金投入效率有较大差异，应继续积极引进国际金融组织、政府和多双边慈善机构的低利率贷款及赠款，以充分发挥外资扶贫资金的催化剂作用和外资扶贫项目的示范作用。中央财政应对扶贫资金的结构进行调整和优化，增加财政扶贫资金和以工代赈资金的比例，发挥民间金融机构在小额信贷扶贫方面的积极作用，改善中央政府扶贫投入的整体绩效，为新时期新疆扶贫开发工作做出更大贡献。

7.1.3 积极培育产业发展，提高自我发展能力

7.1.3.1 积极培育主导产业，增强脱贫致富能力

积极培育主导产业，发展劳动密集型、具有民族特色的传统手工业和农村二、三产业，就近吸纳农村剩余劳动力，增强贫困地区脱贫致富的自我“造血”能力。（1）大力发展纺织服装产业。实施“大力发展纺织服装产业促进百万人就业工程”，围绕喀什、巴楚等纺织工业园区重点发展棉纺织、服装服饰、家纺、地毯等纺织终端产业。针对周边及欧洲等地的区域服饰文化需求，发展服装产品，销往中亚及欧洲市场。着力打造地毯城、爱德莱丝绸城等民族特色产业小城镇，聚集全疆能工巧匠和技术人才。（2）大力发展特色轻工产业。围绕特色林果精深加工，重点发展清真食品工业。从周边国家进口粮食等农产品，在口岸建

设加工产业链，加大周边农产品进口力度，与区内农产品资源有机结合，调整优化产业结构，以生物技术、高新技术提取动植物有效成分，生产生物制品等高附加值产品。充分利用对口援疆省市产业优势，在喀什等口岸区域，建设皮革制品精深加工基地，利用新疆及周边国家的皮资源，就地加工成皮鞋、箱包等高附加值产品，直接销往周边中亚国家。打造区域轻工产品加工出口基地，促进当地少数民族就业，促进维吾尔医药产业升级及发展壮大。加快发展以商贸物流、特色旅游为重点的服务业。以喀什、霍尔果斯为中心，将喀什、霍尔果斯建设成为向西面向周边国家、向东面向全疆和内地市场的商贸物流中心，加快构建国际物流大通道。积极发展特色旅游业，依托丝绸之路旅游品牌效应，着力开发具有地域特色和民族特点的旅游品牌，重点发展丝绸之路游、民族风情游、历史文化游、冰山探险游、科考旅游、口岸旅游、边境旅游、高原风光游等。加强旅游基础设施建设，打造一批国家级乃至世界级旅游景区景点，打造丝路文化旅游长廊，努力把新疆建成我国重要的丝路文化和民族风情国际旅游目的地。

7.1.3.2 加大龙头企业带动，加强产业服务力度

坚持龙头拉动、效益覆盖，大力支持扶贫龙头企业发展和产业基地建设，拉动贫困地区产业结构优化升级。安排适当的财政扶贫资金，支持扶贫龙头企业同贫困农户建立利益联结机制，辐射和带动贫困地区农牧民增收。

加强产业发展服务。建立财政扶贫资金导向机制，培育贫困地区专业合作组织，引导扶贫对象自愿持资加入，提高贫困户在产业发展中的组织化程度。深入推进科技特派员农村科技创业行动，加大科技特派员创业链支持力度，创建科技扶贫示范村（户），带动现代农业科技在贫困地区的推广应用，引导贫困地区畅通农产品流通渠道，完善流通网络。

抓好贫困劳动力转移培训。加大中央财政扶贫资金对新疆贫困县扶贫培训的投入，建立制度化的培训投入增长机制，推动培训就业和素质就业。建立就业创业基金、创业扶持制度，建设创业培训基地、创业实习基地，加强创业项目推介、跟踪服务、信贷支持，形成促进扶贫培训创业的长效机制。

7.1.4 完善教育、卫生、医疗等社会公共事业，提高贫困户最低生活保障

7.1.4.1 重点扶持贫困地区教育事业发展

建立健全地区农村义务教育经费保障机制，逐步提高农村中小学办公经费的保障水平。加大对贫困县义务教育校舍、幼儿园、高中阶段学生校舍、农村教师周转宿舍等基础设施的建设力度，改善办学条件和教师生活条件，教育建设项目计划单列。

加大支持教师队伍建设力度。加大教师“双语”培训力度，强化“双语”

教师培训并扩大定向培养免费师范生规模，建设完善教师培训基地。改革教师职称评审条件，提高中高级职称比例。进一步落实和完善教师差别化待遇政策，提高农村教师生活补助。

优先将学前教育纳入基本教育公共服务体系，加快解决学前幼儿和中小学“双语”教学师资短缺问题，提高贫困家庭寄宿制学生生活费和农村义务教育阶段学生营养膳食补助标准。参照中等职业学校学生资助有关政策，对普通高中学生实施免学费、教材费、住宿费、补生活费的资助政策。

7.1.4.2　健全医疗卫生体系建设，完善基本公共服务

健全医疗卫生服务体系。加快完善县、乡（社区）、村三级医疗卫生服务体系，着力推动基层卫生机构基础设施建设；强化乡村级基层医疗卫生服务网络建设，加强县级医疗卫生机构能力建设，深化县级公立医院改革；加强卫生应急检测、卫生应急物资储备库和紧急医学救援体系建设；加强卫生应急救援队伍建设，全面提升卫生应急处理能力，实现每个街道都有一个标准化的社区卫生服务中心及相应的服务站，每个乡镇都有标准化卫生院，每个村都有标准化卫生室。加大县级疾控中心、妇幼保健院、维吾尔医院，乡镇卫生院、乡镇卫生院周转宿舍、村卫生室等基础设施的建设力度，贫困县卫生建设项目计划单列。在乡镇卫生院建设资金全部由中央解决的基础上，其他项目资金全部由中央解决。加大中医民族医院基础设施建设的支持力度，支持新疆维吾尔医药研发项目。

加强基层医务人员队伍建设。建立基层医疗服务人员生活待遇保障机制，依托对口支援省市优质医学教育资源，面向基层岗位免费培养本科、专科等医学各类人才，提高村医待遇、稳定村医队伍。将现聘用村医纳入财政预算内管理，彻底解决村医薪酬和“养老”等问题。进一步加强妇幼保健机构基础设施建设，提高妇幼保健服务能力和水平。

支持卫生信息化建设。支持建设乡镇卫生院（含社区卫生服务中心）远程医疗会诊系统项目，逐步实现与地州、自治区级远程会诊系统的衔接，使边远地区群众能享受到优质医疗卫生服务资源。

7.1.4.3　提高贫困户最低生活保障水平

农村基本社会保障体系虽已形成，但要达到能够有效帮助贫困人口抵御自然灾害、疾病、农业生产和价格波动等各种风险、巩固脱贫效果的目标还远未完全实现。在物价上涨因素的影响下，实行的最低生活保障金仅能勉强维持生活，建议国家提高最低生活保障标准。准确认定低保户，按照地区收入水平差异进行指标分配和低保标准确定，可以对生活费用指数进行调整，对生活费用较高的地区适度提高保障标准，低保覆盖面应避免出现地区间较大不平等现象出现。增加财

政转移力度，提高贫困地区新农合医疗费报销比例，同时要解决好跨地区看病本地报销的问题，减少边民因病返贫现象，增强医疗救助的功能，加强灾害保障体系建设。

完善农村养老保障制度，降低新疆养老保险缴费费率，减轻企业和个人缴费负担，允许新疆采取差别费率的办法参加养老保险。建立企业退休人员艰苦边远地区津贴，不断提高企业退休人员收入水平，缩小企业与机关事业单位退休人员待遇差距。加大对新疆养老保险基金中央财政转移支付力度，使个人缴费、集体补助、政府补贴相结合，共同解决老年人贫困问题。

7.1.5 加快改革步伐，推进城镇化建设

充分结合新疆富民安居和牧民定居工程的推进，积极引导农牧民向城镇集聚，转产分流。保障农民工随迁子女平等接受教育的权利，所有公办学校统一对农民工子女开放，将农民工子女义务教育纳入城镇政府教育发展规划和财政保障范畴，基本实现农民工随迁子女在输入地平等享受普惠性学前教育以及平等参加中考、高考的权利。加快推进农民工城镇社会保险参保率，进一步完善新疆城乡养老保险和医疗保障的衔接转换，实现农民工与城镇职工平等参加“三险一金”并享受相应待遇，把困难农民工家庭纳入社会保险补贴范围，鼓励农民工及早参保并连续参保。享有平等的基本医疗卫生服务，将农民工及其随迁家属纳入社区医疗卫生服务体系，逐步提高医疗救助经费补贴标准，强化农民工聚居地职业病、传染病等疾病的监测预防工作，按照户籍人口同等待遇，向农民工免费提供计划生育、优生优育及生殖健康服务。

切实拓宽农民工住房保障渠道，通过廉租房、公租房、租赁补贴等多种形式，为符合条件的农民工改善居住条件，在开发区或工业园区等农民工相对集中区域，可集中统一建设单元型或宿舍型公共租赁住房，城乡结合部可探索利用农村集体建设用地建设保障性农民工公寓。新形势下，扶贫工作应与城镇化发展结合起来，对劳动力技能培训、促进贫困人口向城镇转移方面增加投入，把城镇化相关建设内容作为重要的扶贫任务来建设。安排专项扶贫资金，加强贫困地区农民的职业技能培训，为劳动力开展劳务输出创造条件。尤其对于少数处在高寒山区、不适宜人类居住、且短期内难以根本改变的贫困县，应通过异地搬迁、异地“再造”，切实做到搬得来、留得住、能发展、过得好，不断推进城镇化建设步伐。

完善农村土地征收制度。对自愿放弃承包地的农民，各地要制定鼓励政策，给予补偿补助。对自愿放弃承包地并迁入城镇定居的农民，应享受与迁入地城镇居民同等的待遇和社会保障。

探索土地流转改革。加快集体土地的确权登记颁证，把土地权益落实到土地

使用权人，赋予集体土地使用权完整的财产权能，实现城乡土地同地同权同价。探索集体建设用地直接入市的方式和途径。在保障用益物权的前提下，探索进城落户农民承包地和宅基地自愿有偿流转和退出机制，加快推进农村土地承包经营权流转管理和服务体系建设，探索建立严格的工商企业租赁农户承包耕地准入制度。加大对种养大户、家庭农场、专业合作社和农业产业化龙头企业等新型经营主体的扶持力度。

7.1.6 统筹扶贫和生态环境关系，加快贫困县生态文明建设

7.1.6.1 科学构建生态补偿政策框架，制定生态补偿政策

建立健全资源有偿使用制度和生态环境补偿机制。制定自然资源与环境有偿使用政策，按照“受益者补偿”原则，依法对资源受益者征收资源开发补偿费和生态环境补偿费。建立矿业企业矿区环境治理和生态恢复的责任制，推进企业从销售收入中提取一定比例资金用于矿山环境的恢复、生态补偿及资源枯竭后的企业转产。建立煤炭开发生态补偿机制。落实好草原生态补偿政策，让贫困地区草原尽快恢复生机，争取国家加大重点生态公益林补偿力度，提高补偿标准。加大自然保护区、生态旅游区的一般性转移支付力度，探索建立与生态保护挂钩的激励型财政转移支付机制。大力开展生态修复，通过农机补贴、技术培训等形式，实施“生态修复”工程。与此同时，强化项目准入监管，进一步完善耕地保护、水资源管理等资源环境保护开发制度，深化资源性产品价格和税费改革，完善生态专项转移支付制度。

结合各县生态文明建设发展目标，统筹兼顾扶贫和改善生态环境的关系，制定地方性政策法规，出台发展循环经济、推广清洁生产、控制农业面源污染、生态公益林建设、管理排污权交易、湿地保护等地方性法规，建立健全资源管理、保护、环境与资源综合决策、环境影响评价、生态约束、生态补偿、自然资源使用权管理、生态安全管理等制度。建立以保护生态环境为导向的经济政策，继续实施鼓励“退耕还草”、“退牧还草”、“生态公益林保护”、“草原荒漠治理”、“‘三北’防护林”的优惠政策，争取国家加大补偿力度，提高补偿标准。

7.1.6.2 完善政府、企业、社会多元化环保投融资政策

完善政府、企业、社会多元化环保投融资政策，拓展资金投入渠道，解决生态保护资金短缺问题。贫困县县财政普遍困难，建议国家把环保投入作为公共财政支出的重点，政策引导企业、社会资金投入生态文明建设工程，在林草植被保护与建设、退牧还草、水土流失治理、湿地保护和治理、生态园区建设、环境综合治理、农村面源污染防治、城乡生态环境建设等生态文明建设基础设施投资方面出台相关优惠政策，给予更多倾斜。在建设资金投入上，进一步加大中央财政

转移支付力度，给予更大的资金支持，一律免除贫困县（市）地方配套资金，在金融、税收等领域出台支持生态文明建设工程投融资的相关优惠政策，推动工程项目的顺利实施。

7.1.6.3 加强节能减排法制建设与监督管理，健全生态环境保护法规体系

加强节能减排法制建设与监督管理。加快完善节能减排法律法规体系，提高处罚标准，切实解决“违法成本低、守法成本高”的问题。要制定和执行主要高耗能产品能耗环保限额强制性国家标准，加大节能减排执法力度。每年都要开展节能环保专项执法检查，坚持有法必依、执法必严、违法必究，严厉查处各类违法行为。建立生态文明监测预警系统，提高生态文明监管水平，及时准确对生态环境进行监测、评估与预测，科学把握生态文明的状况及其未来走势，定期发布生态文明监测预警报告。

健全生态环境保护法规体系。把维护生态文明建设的各项工作纳入法制化轨道，用生态文明的观念指导生态环境的相关立法，并对现有法律法规进行充实完善。要狠抓相关法律的执行和落实，确保生态环境保护法律法规的权威性和有效性。强化执法检查和监督管理，严格执行环保法律法规和有关政策、标准、技术体系。进一步推进政府职能转变，强化政府责任，切实做到推动经济发展和依法保护环境两手都要硬。严肃查处各种环境违法行为和生态破坏现象，并适时组织开展专项整治活动，切实解决群众反映强烈的环境问题。加强环境执法队伍建设，提高监督管理能力。

7.1.7 完善口岸建设，推进边境对外开放

7.1.7.1 完善口岸基础设施，加大进口加工基地建设

抓住建设“丝绸之路经济带”的机遇，在边境贫困县加快边境口岸基础设施建设，提高口岸的通关能力。建议国家逐年增加边境口岸建设，转移支付专项资金，加大对口岸联检楼、口岸验货场、口岸通道和口岸至边境道路建设资金支持。大力支持边境地区重点开发区（工业园区）、边境合作区等特殊经济区建设，着力打造具有边境地区特色的进出口加工制造业。支持边境贫困地区各类企业建设进口能源资源加工基地，如进口油气加工基地建设。

7.1.7.2 支持和鼓励地产品出口

建议国家对基地企业进口资源能源产品免征进口关税和环节税，或以中央财政专项转移支付方式全额返还，对进口环节增值税实行海关即征即退；对以上特殊经济区内生产企业加工产品出口的，实行全额退税。建议国家对边境地区企业

边贸出口中归列于国家取消出口退税政策的地产品实行免税；对出口地产的“两高一资”产品实行免税，对部分产品适当退税，如涉及税收政策不宜单独改变的，也可采取财政转移支付方式全额返还，用于支持边境高寒地区的企业发展。放宽对边境高寒地区边境贸易出口商品限制，对出口的产品，如涉及出口配额许可证管理的，按企业实际需要安排出口配额，放宽企业出口资质标准和条件，由中央财政承担出口退税，恢复边境贸易“双减半”政策。把区域内各口岸进出口关税和海关代征的进口环节增值税，以中央财政转移支付方式或者通过列支专项方式全额留在当地，按照企业和财政一定比例分成，支持边境口岸基础设施建设和地方经济发展。

7.1.7.3 制定更优惠宽松的边民互市贸易政策

大力支持贫困地区发展边境贸易，鼓励有实力的企业赴周边国家从事资源开发，扩大资源型产品的进口，把边境地区作为我国进口能源和矿产资源的战略安全通道。

制定更优惠宽松的边民互市贸易政策，不设时间限制，放宽贸易量，简便查验通关手续。边民带进带出的品种属生活用品范畴的应放宽。进一步放开双方边民互市点（区）出入境人员的管理，可凭双方边民的身份证出入双方市场。国家政府有关部门要与有关国家进行协商，确定边境旅游文件和证件，制订标准化的边境旅游管理程序，使边境旅游的管理组件规范化，简化手续、提高效率。

7.1.8 建立公共就业服务体系，大力促进劳动力就业

在农业富余劳动力密集县（市）建立集技能培训、食宿、职业介绍、文化娱乐、医疗卫生及合法权益维护于一体的农民工综合服务中心。加大就业专项资金，加大公益性岗位开发支持力度。开展农村“两后生”劳动预备制培训，使其掌握一定职业技能，实现就业。建议设立贫困劳动力转移就业培训基金，通过职业技能培训，结合异地就业、跨区域移民等措施，实施贫困劳动力转移就业工程。开展国家通用语言培训项目，支持建设国家通用语言培训站点和培训人员的食宿补贴、培训补贴，提高少数民族农牧民掌握国家通用语言能力。重点解决少数民族中青年劳动力就业问题，积极组织引导其转移至内地就业，协调对口援疆省市企业优先接纳，并给予一次性安家费补助，同时对其家庭在社会保障方面享受优待。加大劳动密集型产业、民族特色产业、中小企业发展的支持力度，发挥产业和企业吸纳就业的主体作用，对各类企业吸纳新疆当地劳动者，在社保补贴、培训补贴、贷款贴息等方面给予其支持。积极倡导中央驻疆企业及各援疆省市提高新招用人员中新疆当地劳动者的比例。

7.1.9 增强金融服务力度，支持新疆贫困地区经济发展

加大扶贫贴息贷款发放力度，扩大扶贫贴息贷款规模和覆盖面。到户扶贫贷款要重点支持贫困户发展设施农业、林果业、养殖业等“短、平、快”的增收项目，进一步加大扶贫贷款力度，逐步提高到户扶贫贷款的比重和效率。扶贫项目贷款要以连片特困地区为支持重点，根据自治区片区扶贫工作方针，以片区优势资源的合理开发利用为基础，着力加大对农、牧、特色林果业等有带动作用的扶贫龙头企业的扶持。要结合当地实际，积极发展“公司＋基地＋农户”、“协会＋贫困户”等各种产业化形式，实现扶贫资金的规模化效益。

积极优化信贷经营模式，支持农业传统产业实现规模经营。积极支持粮棉生产，保证粮棉油收购资金的及时、充足。优先对农业大户和有市场潜力的种植、养殖大户给予重点资金扶持，努力推动农业增效、农民增收。支持特色产业和产品基地建设，一是将信贷资金重点投向优质、高效、生态和绿色农业，如设施农业建设，支持大棚蔬菜、特色林果业、畜禽产业化基地建设；二是支持农村市场和农业服务体系建设，加强对化肥、农药、农机和种子经营等服务体系的信贷支持，优先保证支农资金需要，支持农业产业化升级发展，支持“三农”取得了明显成效。积极支持农民进行套种、轮耕，推广使用地膜和滴灌技术，发展蔬菜大棚和庭院经济，农村剩余劳动力外出务工，依靠“品牌”战略提高农产品的附加值，打造一批知名品牌和知名企业，带动农民增加收入。

积极履行社会责任，完善康复扶贫贷款和农村妇女创业贷款政策。（1）应继续加大妇女创业小额担保贷款的发放力度，争取有效缓解妇女创业资金不足的问题。依托妇联的组织优势、宣传优势和载体优势，在依法合规、风险可控和担保基金落实到位的前提下，尽量简化贷款手续，缩短贷款审批时间，及时发放贷款，重点加大对种养殖业、小型服务业等微利项目的支持，为妇女创业提供有效的信贷支持和便捷高效的金融服务。（2）积极承担康复扶贫贷款发放工作，推动残疾人扶贫开发政策与各项社会保障政策有效衔接。积极参与地方定点扶贫工作，以促进教育、科技、文化水平提高和扶持产业开发为切入点，通过采取筹措帮扶资金、引进项目、信贷支持和干部挂职等多项措施，实现定点扶贫地区脱贫致富。

加大对农村金融服务的差异化财政补贴力度。建议加大对边远乡镇和高寒地区的农村金融服务，支持金融机构对边远地区金融服务的持续发展；建议对农村金融服务业务实行税收减免政策，鼓励金融机构业务向农村、农民、农业的倾斜；增加风险补偿来源，加快核销不良贷款进度。

7.1.10 加大财政转移支付力度，积极创新财税优惠政策

进一步加大中央、自治区财政的转移支付力度，增加转移支付额度。在大幅

度扩大一般性转移支付比例的同时增加专项转移支付额度，委托贫困县一定的自行安排财政预算的权限，完善县级基本财力保障机制。对所有地方性非税收入、中央统筹和分享部分，全部留给当地使用。乡村公益事业发展实行“一事一议，以奖代补”政策，适当提高补助标准。国家给予特殊政策支持，全部免除特困乡村债务。

对从事安居富民、定居兴牧、就业再就业等领域的企业给予所得税“两免三减半”的优惠政策。对从事农产品加工、民族特色手工业、物流等领域的企业给予企业税收免除的优惠政策。用于扶贫事业的捐赠，符合税法规定条件的，可按规定在所得税税前扣除，并给予一定比例的财政补贴。对引进的紧缺、高端人才给予减免个人所得税的优惠政策。由中央财政承担出口退税，恢复边境贸易“双减半”政策。把区域内各口岸进出口关税和海关代征的进口环节增值税，以中央财政转移支付方式或者通过列支专项方式全额留在当地，按照企业和财政一定比例分成，支持边境口岸基础设施建设和地方经济发展。

为支持中小微型企业健康发展，建议进一步加大新疆中小企业发展专项资金对贫困地区的投入力度，用于支持贫困地区中小企业产业升级、专业化发展，与大企业配套、技术进步，以及市场开拓、创业投资等。对于贫困地区中小企业，实行增值税先征后返、所得税全免的特殊优惠政策。

总之，各级政府应坚持统筹城乡、统筹区域、统筹经济社会协调发展的方针，抓紧建立促进新疆贫困地区加快发展的长效机制，既要注重资金、项目扶贫，通过增加财政转移支付、更多地安排基础设施建设项目来改善贫困地区的生产生活设施条件，也要注重产业、科技扶贫，通过出台优惠政策，依托当地的资源优势，引导资金、人才、技术等生产要素向贫困地区加快流动，发展壮大当地经济，增强自我发展能力；既要注重对经济建设的扶持，不断提高贫困地区的“造血”功能，也要注重对社会事业发展的支持，促进经济建设与科教文卫、社会保障、环境保护等各项社会事业协同共进，尽快缩小城乡、区域差距，促进经济社会全面进步。

7.2 机制创新

7.2.1 鼓励新型扶贫模式创新，着力推进“四位一体”大扶贫格局

各级政府和扶贫主管部门应积极鼓励各地因地制宜，大胆创新，发挥主体作用，不断探索和创新新型扶贫模式。凡是有利于调动全社会扶贫资源，有利于释放扶贫要素，有利于调动扶贫主体和客体各方面参与扶贫的积极性，有利于提高扶贫开发效率的各种新的扶贫模式，都应当给予鼓励和支持，并应及时总结经验教训，不断改进和提高。建立稳定的扶贫资金投入大幅度增长机制，加大对包括南疆三地州在内的新疆专项扶贫资金投入力度。加快推进实施南疆三地州片区区

域发展与扶贫攻坚实施规划和产业扶贫规划，制定边远高寒地区特殊扶持政策，将非重点扶贫县纳入扶贫试点范围，同时将非贫困县贫困户全部纳入补助范围，并在现有补助基础上提高补助标准。推动扶贫搬迁与区域城镇同步建设，把扶贫搬迁纳入城镇化建设发展体系，在县城建设“扶贫搬迁安置小区”，并制定相应的住房、培训、就业、保障等配套政策，促进农村人口向小城镇集中，农村劳动力向城镇转移。

扶贫应着力推进专项扶贫、行业扶贫、社会扶贫、援疆扶贫“四位一体”大扶贫格局，加快扶贫方式转变，积极探索完善整村推进、易地搬迁、产业扶贫等扶贫形式，走出一条具有新疆特色的扶贫开发道路。各级政府和扶贫主管部门应加大工作统筹、资源整合力度，扎实推进各项扶贫任务和目标的落实，放宽条件，尽快安排资金，提高扶贫综合效率，将扶贫成效作为考核贫困地区各级党政主要负责人政绩的重要依据。

7.2.2 不断创新对口援疆机制，进一步发挥援疆成效

对口援疆工作是中央支持新疆跨越式发展和长治久安的特殊政策。新一轮对口援疆扶贫强调“输血”与“造血”相结合，增强新疆贫困地区自身的“造血”功能；强调“硬件”建设与“软件”建设相结合、资金支持与人才支持相结合、物资支援与文化交流相结合，不断创新对口援疆机制。

7.2.2.1 健全对口援疆扶贫工作机制

对口援疆扶贫的组织实施工作由有关支援省市分别负责，并与新疆贫困地区有关单位共同实施。支援方要按照中央的统一部署，派出得力领导干部到受援地区党政领导班子任职，建立前方指挥部，在当地党委和政府领导下，协调组织相关项目实施，在后方建立由省市负责同志担任组长的协调机构，做到领导到位、组织到位、人员到位、资金到位。受援贫困地州、县（市）要会同支援方及时协调解决对口援疆扶贫工作中遇到的问题，确保对口援疆扶贫工作有序有效进行。新疆各行业、各部门应该高度重视新一轮对口援疆扶贫工作，为对口援疆省市提供有效的支持，按照各省市的实力和受援地的实际需要，研究制定援疆扶贫的整体开发战略。

7.2.2.2 创新对口援疆扶贫结对关系

新一轮对口援疆扶贫考虑到支援方综合实力和受援方实际困难，尽力使支援与受援双方强度匹配，如北京、上海、广东、江苏及深圳等经济实力强的省市对口支援贫困程度较深的南疆三地州贫困县（市）。考虑到受援区地域上相对集中，为了便于开展工作，应尽可能安排一个省市对口支援一个地州的贫困县

(市)。考虑到双方资源地理气候特点，应有效做好对口援疆扶贫工作，如东北三省对口支援气候条件相似的北疆塔城、阿勒泰地区贫困县。

7.2.2.3 建立对口援疆贫困地区资金保障机制

19个支援省市的对口支援资金量（按实物工作量计算），参照地方财政一般预算收入（扣除部分由专门用途的收入项目）的0.3%～0.6%的比例计算，支援省市可以根据当地情况多渠道筹集资金。中央要进一步加大对新疆贫困地区的项目和资金支持力度，在不改变渠道、不改变使用方向的前提下，中央资金可以按照对口支援规划与支援省市的援助资金统筹使用。在疆中央企业要根据贫困地区产业发展规划，加大项目建设力度，注重带动贫困地区经济社会发展和劳动力就业，造福新疆各族人民。

7.2.2.4 创新对口援疆扶贫援建模式

新一轮对口援疆扶贫援建模式主要有三种，即："交钥匙"、"交支票"、"共建"。支援省市把对口援疆作为自身工作的重要组成部分，受援地区主要配合，如江西省把阿克陶作为江西省第100个县进行规划建设。

7.2.3 加强扶贫项目监督管理，提高政府扶贫开发综合效益

为将扶贫资源真正落实在贫困户身上，必须根据新时期贫困人口特征调整扶贫瞄准机制，重视修订贫困识别标准，采取以消费为基准的贫困标准界定贫困人口，消费水平比收入水平更能全面反映贫困人口实际的生活状态和福利水平。

增加扶贫项目的瞄准精度，提高扶贫开发的效率。建立扶贫项目筛选机制，广泛征求村民意见，咨询专家意见，对村民偏好的项目进行专家及有关部门筛选，将选出项目纳入项目库，立项实施时从扶贫项目库择优选择，提高扶贫工作精度和效率。

在扶贫项目管理中全面推行参与式村级规划，贯彻"以人为本"和性别主流化的扶贫理念，努力提高扶贫项目决策的民主化和科学化水平，提高项目受益人尤其是妇女等弱势群体对项目决策和实施管理的参与度，加强扶贫项目的预算管理和工期管理，全面提升扶贫项目的管理水平和项目受益人的满意度。

完善贫困监测系统，成立独立于扶贫部门和民政部门的扶贫项目监测机构，统计贫困信息，贫困监测机构的人事和财务独立于地方政府。加强扶贫资金拨付的监管，着力对扶贫资金拨付过程中出现的延期拨付、目标置换、挪作他用等问题进行监督和管理，使扶贫资金能够按时足量到达扶贫地区和贫困人口。

加强扶贫项目管理。对扶贫项目资金投向、金额实行公示、公告制，增强扶贫项目资金实施的透明度，接收社会和群众的监督。对于所有扶贫项目都要进行

公开招标，以达到降低成本、节约资金、提高质量的目的。推行合同制，对所有建设项目，严格执行项目建设合同签约，按照合同法的规定管项目、建项目、验项目。推行公示制，把与扶贫有关的工作，即包括资金拨付、使用地方、使用对象等，都在便于公众看到的地方进行公示，广泛接受公众监督。加强扶贫资金管理的部门协调，建议地方扶贫专项资金、以工代赈资金等，在政府扶贫开发工作领导小组的统一部署下，实行统筹安排、综合调整、捆绑使用、集中投放，最大限度地覆盖贫困农户。

提高扶贫资金审计力度，使扶贫资金审计制度化和经常化。应使扶贫资金审计制度化，定期进行审计，加强扶贫资金审计的责任追究机制。对于审计中发现的问题，应及时进行整改，对相关责任人进行追究，并加强后续审计。加强对审计人员进行培训，提高审计人员素质，采用先进技术方法，提高审计质量。

7.2.4 整合资源，加大制度保障创新实践

由于新疆贫困地区市场经济发育严重不足，与经济发达地区相比，明显存在体制上的差距。在市场机制的自发作用下，贫困地区经济会因为要素供给的严重不足而逐渐“边缘化”。因此，必须通过宏观调控，在资金、价格等方面做出有利于贫困地区经济发展的差别化制度安排，完善扶贫开发资金、信贷和物资调配的管理体制。同时，鉴于贫困县市整体财政收入水平低，完全靠财政转移支付维持正常运转的基本现状，筹措扶贫项目配套资金非常困难，建议扶贫项目由自治区和地州财政尽最大努力筹措一定配套资金外，取消县级配套资金和群众自筹资金要求，以减轻贫困地区配套资金压力，更好地落实扶贫政策。

政府应进一步简政放权，把项目管理的具体事务交付县乡相关部门进行运作。政府应积极制定扶贫战略、目标，调动整合资源，监督项目及资金使用等，通过政策引导提高效率，实现效益最大化。在确保专项扶贫、行业扶贫、社会扶贫、援疆扶贫发挥综合效益的基础上，全方位发挥政府扶贫政策保障功能，优化政策体系，提高扶贫政策的针对性和有效性，保障贫困地区的扶贫模式创新实践。

参考文献

[1] 国家民委政策研究室. 国家民委民族政策文件选编(1979～1984)[M]. 北京：中央民族出版社，1988.

[2] 中共中央文献研究室. 十二大以来重要文献选编(中)[M]. 北京：人民出版社，1986.

[3] 国家民委. 中华人民共和国民族政策法规选编[M]. 北京：中国民航出版社，1997.

[4] 国务院新闻办公室. 中国的农村扶贫开发[EB/OL]. http：//www. china. com. cn.

[5] 罗遐. 1980年代中期以来中国贫困问题研究综述[J]. 学术界，2007(6)：247～257.

[6] Erik Thorbecke. 贫困分析中的概念问题和测量问题[J]. 世界经济文汇，2005(3)：54～64.

[7] 汪三贵，刘晓展，赵绪福. 技术扩散与缓解贫困[M]. 北京：中国农业出版社，1998.

[8] 刘志强. 中国扶贫模式创新与扶贫开发项目运作实务手册[M]. 合肥：安徽文化音像出版社，2003.

[9] 李周. 中国反贫困与可持续发展[M]. 北京：科学出版社，2007.

[10] 世界银行. 1990年世界发展报告[M]. 北京：中国财政经济出版社，1990.

[11] 康涛，陈斐. 关于我国农村贫困与反贫困的研究[J]. 华中农业大学学报，2002(4)：5～11.

[12] 赵曦. 中国西部农村反贫困战略研究[M]. 北京：人民出版社，2000.

[13] [印度] 阿玛蒂亚·森. 贫困与饥荒[M]. 北京：商务印书馆，2001.

[14] 严瑞珍. 中国贫困山区经济发展的道路[J]. 农业经济问题，1990(8)：21～25.

[15] 中国发展研究基金会. 中国发展报告2007：在发展中消除贫困[M]. 北京：中国发展出版社，2007.

[16] 康晓光. 中国贫困与反贫困理论[M]. 南宁：广西人民出版社，1995：110～119.

[17] 刘坚. 新阶段扶贫开发的成就与挑战——《中国农村扶贫开发纲要(2001—2010年)》中期评估报告[M]. 北京：中国财政经济出版社，2006.

[18] 新疆统计局. 新疆统计年鉴[M]. 新疆：新疆统计出版社，2000～2013.

[19] 国家统计局. 中国统计年鉴[M]. 北京：中国统计出版社，2000～2013.

[20] 国家统计局农村社会经济调查司. 中国农村贫困监测报告2006[M]. 北京：中国统计出版社，2006.

[21] 朱直平，荆建林. 国外农村落后地区开发的战略和政策[J]. 世界农业，1995(5)：3～5.

[22] Gill I. Technological Change，Education，and Obsolescence of Human Capital [D]. Chicago：University of Chicago，1989.

[23] Becker G S. Human Capital：A theoretical and empirical analysis with special reference to education [M]. Chicago：The University of Chicago Press，1993.

[24] Behrman J R. The Action of Human Resources and Poverty on One Another：What We Have yet to Learn，Living Standards Measurement Study Working Paper. No. 74 [M]. World Bank：Washington，DC，1990.

[25] Zhang Tiedao，Zhao Minxia. Universalizing Nine-Year Compulsory Education For Poverty Reduc-

tion in Rural China [J]. Review of Education, 2006(52): 261~286.

[26] 中国发展研究基金会. 中国发展报告2007[J]. 当代经济, 2007(12): 1.

[27] World Development Report 2000/2001. Attacking Poverty [M]. New York: Oxford University Press, 2001.

[28] Lopez R, Valdes A. Rural Poverty in Latin America: New Evidence of the Effects of Education, Demographics and Access to Land [J]. Economic Development and Cultural Change, 2000(49): 197~212.

[29] Mao Rui, Xu Long. Contributions to Economic Increase by Education: Comparison between Eastern and Western China[J]. Economist, 2001(2): 20~26.

[30] 陈全功, 程蹊. 长期贫困为什么难以消除? ——来自扶贫重点县教育发展的证据[J]. 西北人口, 2006(3): 39~45.

[31] 张锦华. 教育不平等、收入非平衡与贫困陷阱: 对农村教育和农民收入的考察[J]. 经济经纬, 2007(6): 107~111.

[32] Xavier Bonal. On global absences: Reflections on the failings in the education and poverty relationship in Latin America [J]. International Journal of Educational Development, 2007(27): 86~100.

[33] 危朝安. 农民素质偏低已成解决"三农"问题瓶颈[EB/OL]. http://www.xinhuanet.com.

[34] 方黎明, 张秀兰. 中国农村扶贫的政策效应分析——基于能力贫困理论的考察[J]. 财经研究, 2007(12): 47~58.

[35] 蔡昉. 中国人口与劳动问题报告2004: 人口转变与教育发展[M]. 北京: 社会科学文献出版社, 2004: 230.

[36] 易宏军, 赵茂林. 西部农村反贫困战略模式: "教育反贫困"[J]. 西北大学学报(哲学社会科学版), 2006(9): 53~57.

[37] 蒋选, 韩林芝. 教育与消除贫困: 研究动态与中国农村的实证研究[J]. 中央财经大学学报, 2009(3): 66~70.

[38] 韩林芝, 邓强. 我国农村贫困主要影响因子的灰色关联分析[J]. 中国人口. 资源与环境, 2009(4): 88~94.

[39] 范小建. 中国农村扶贫开发纲要(2011—2012年)干部辅导读本[M]. 北京: 中国财政经济出版社, 2012.

[40] 赵国明. 奋进的征程——新疆扶贫开发探索与实践[M]. 乌鲁木齐: 新疆人民出版社, 2011.

[41] 程样国, 王鹏程. 城乡贫困群体问题的解决与接受高等教育的平等[J]. 江西社会科学, 2006(7): 205~207.

[42] 陈迎春, 徐锡武, 王蓉. 新型农村合作医疗减缓"因病致贫"效果测量[J]. 中国卫生经济, 2005(8): 26~28.

[43] 王宁. 新疆贫困状况分析及扶贫模式的比较和选择[J]. 新疆社会科学, 2003(2): 47~53.

[44] 杨引官, 李西琴, 栾世范. 新疆国家扶贫开发重点县的调查及对策[J]. 中共伊犁州委

党校学报，2006(3)：39 ~ 43.
[45] 杨引官，祝晓云. 新疆实施兴边富民行动的主要模式[J]. 实事求是，2010(4)：46 ~ 50.
[46] 秦放鸣. 新疆少数民族地区反贫困战略面临的挑战及调整思路[J]. 新疆大学学报(社会科学版)，2003(3)：25 ~ 28.
[47] 孟戈. 新疆实施边境扶贫试点主要模式调研[J]. 新疆社科论坛，2013(1)：25 ~ 41.